Maison

DÉCOUVRIR
TON VISAGE

DES CHRÉTIENS

Odile Ceyrac

DÉCOUVRIR TON VISAGE

Préface du cardinal Eduardo Pironio

Introduction de Jean Vanier

Collection dirigée par
Jean-Claude DIDELOT

Le Sarment
FAYARD / Bellarmin

A Marie et Joseph.
A Marthe.
A ma famille, mes parents, oncle Pierre.
A Georges et René et tous mes frères et sœurs à l'Arche,
A tous nos frères et sœurs qui souffrent
à travers le monde
et qui attendent d'être accueillis
dans une communauté d'amour et d'espérance.
A tous les jeunes qui entendent l'appel de Jésus :
« *Viens et suis-moi* », dans une vie évangélique avec les pauvres,
et qui ont besoin de trouver sur leur chemin
des hommes et des femmes d'espérance,
qui les guident et les soutiennent
dans leur « oui » à Jésus et aux pauvres.

© Librairie Arthème Fayard, 1988
Dépot légal 2e trimestre
ISSN 0985-8202
ISBN 2-86679 -011-1
Imprimé en Belgique

Editions Bellarmin
8100, boulevard Saint-Laurent, Montréal, Qué. H2P 2L9

PRIÈRE DE L'ARCHE

O Marie.
nous te demandons de bénir notre maison.
Garde-la dans ton Cœur Immaculé.
Fais de l'Arche notre vrai foyer,
un refuge pour les pauvres, les petits,
pour qu'ils y trouvent la source de toute vie,
un refuge pour ceux qui sont éprouvés,
afin qu'ils soient infiniment consolés.

O Marie,
donne-nous des cœurs attentifs,
humbles et doux,
pour accueillir avec tendresse et compassion,
tous les pauvres que tu envoies vers nous.
Donne-nous des cœurs pleins de miséricorde,
pour les aimer, les servir,
éteindre toute discorde,
et voir en nos frères souffrants et brisés,
l'humble présence de Jésus vivant.

Seigneur,
bénis-nous de la main de tes pauvres,
Seigneur, souris-nous dans le regard de tes pauvres.
Seigneur, reçois-nous un jour
dans l'heureuse compagnie de tes pauvres.

Amen.

PRÉFACE

Découvrir ton visage est l'histoire d'un amour vrai, fort. Celui d'hommes et de femmes touchés au cœur par le cri de la personne ayant un handicap mental. Cri dans lequel ils ont reconnu l'appel de Jésus : « Viens et suis-moi. »

La réponse à cet appel donne naissance aux communautés de l'Arche, au sein desquelles des personnes bien portantes — mariés, célibataires — s'engagent à partager les joies et les détresses de leurs frères et sœurs atteints dans leur intelligence.

A notre époque où, pour prévenir le handicap, on va jusqu'à élaborer des projets de loi sur l'euthanasie à l'encontre des nouveau-nés présentant une infirmité inguérissable, l'existence de communautés comme celles de l'Arche est la preuve irréfutable que toute vie, quelles que soient ses limites, est digne d'être vécue.

Face à une « civilisation de la mort » apparemment envahissante, on voit ainsi surgir une « civilisation de la vie ». La lutte peut sembler inégale, tant les moyens mis en œuvre de part et d'autre apparaissent disproportionnés. Argent, armes, médias, production, technologies avancées, etc. d'un côté, et gestes ordinaires de la vie de l'autre.

Oui, mais ces gestes ordinaires — toilette, préparation des repas, vaisselle, lessive, etc. — ont une portée infinie, parce qu'ils sont des gestes d'amour, révélateurs du mystère de la personne humaine, du mystère de Dieu.

Constituer une famille avec des personnes profondément blessées par leur handicap, mais plus encore par le rejet qui souvent accompagne celui-ci, c'est aller à contre-courant des valeurs prônées par une société de consommation, c'est, comme le dit l'auteur, « vivre l'Évangile à l'endroit », c'est rejoindre Dieu en chaque personne, à travers toute chose, aussi petite soit-elle.

*
**

En des pages empreintes de tendresse et de simplicité, Odile Ceyrac donne un témoignage de cette rencontre bouleversante entre Dieu et l'être humain.

Les chemins de cette rencontre sont différents pour chacun de nous. Pour certains, comme, par exemple, pour les assistants vivant à l'Arche, ce chemin, c'est la personne ayant un handicap mental. Ne regardant pas à l'apparence, mais regardant au cœur (cf. I S 16, 7), ils découvrent, dans le visage du pauvre, le visage de Jésus. En accueillant le pauvre, ils accueillent Jésus.

Cet accueil toutefois n'est pas unilatéral. Le pauvre, se sentant accueilli, accueille à son tour. Une relation de réciprocité s'établit, où chacun reçoit et donne le meilleur de lui-même. Et dans ce don découvre la vérité sur soi, la vérité sur Dieu.

Vivre « avec » est une expérience riche mais difficile, éprouvante, purifiante, où l'angoisse, la violence, les doutes ne sont pas exclus. Il y a des moments de ténèbres qui suscitent d'immenses « pourquoi » et auxquels succèdent des moments de lumière. Il y a des moments de deuil et des moments de fête. Passion et résurrection sont intimement liées. Mystère de l'amour de Dieu qui appelle une réponse d'amour.

Ce livre-témoignage n'est pas un récit banal : il est méditation, dialogue authentique ; il est prière, hymne à la foi, à l'espérance, à l'amour. Il nous interpelle, nous invite à percevoir, dans le cri de toute personne, le cri de Dieu, à faire nôtre ce cri, à y répondre jusqu'au bout : « Le cri de la personne... rejetée conduit au désespoir. Mais le cri de la personne accueillie conduit à l'espérance, il devient source d'amour pour notre monde. Ce cri devient Bonne Nouvelle. »

Je connais l'Arche, ainsi que son fondateur Jean Vanier, depuis de nombreuses années. Aussi je me fais un plaisir de présenter ce livre et j'en remercie l'auteur. Je forme mes vœux les meilleurs pour que ces pages deviennent pour tous une sereine et profonde contemplation de l'amour de Dieu, redécouvert et accueilli dans le visage transparent du pauvre : celui qui le voit, voit Jésus, Dieu-avec-nous. Le Synode sur la vocation des laïcs a également souligné la présence de Dieu parmi ceux qui souffrent.

Eduardo card. Pironio
Président du Conseil pontifical des laïcs

INTRODUCTION

L'Arche est une communauté chrétienne d'un type nouveau. Elle est née d'une amitié entre le Père Thomas Philippe et moi. Je l'ai connu quand j'ai quitté la marine de guerre canadienne en 1950, pour suivre Jésus. En 1963, le Père Thomas était aumônier d'une résidence pour trente hommes ayant un handicap mental. Quand je lui ai rendu visite dans le petit village de Trosly-Breuil, à 100 km au nord-est de Paris, il m'a fait connaître ses nouveaux amis. J'ai commencé alors à découvrir la beauté et la souffrance de ces hommes qui, à cause de leur handicap, avaient été placés dans cette résidence, loin de leur famille. A partir de cette première rencontre, j'ai visité d'autres centres, résidences, asiles et hôpitaux psychiatriques en France. J'y ai découvert tout un vaste monde de souffrance que je ne soupçonnais pas avant : des hommes et des femmes vivant dans des situations de détresse inimaginables.

C'est ainsi que, soutenu et encouragé par le Père Thomas Philippe, j'ai accueilli, dans une petite maison délabrée que j'avais pu acheter à Trosly-Breuil (Oise), deux hommes, Raphaël et Philippe. Tous les deux souffraient d'un handicap mental et avaient été placés dans un asile à la suite du décès de leurs parents. Nous avons commencé à vivre ensemble en faisant la cuisine, mangeant, travaillant, priant ensemble.

En commençant l'Arche, j'avais, certes, l'idée d'aider Raphaël et Philippe en leur donnant une nouvelle famille, une communauté ; en leur rendant leur dignité humaine et en leur donnant la possibilité de connaître la Bonne Nouvelle de l'Évangile. Cependant, je ne réalisais pas tout ce qu'ils allaient m'apporter : le monde dans lequel ils allaient m'introduire. Saint Vincent de Paul dit que les pauvres sont « nos maîtres ». C'est profondément vrai. Raphaël et Philippe, et bien d'autres après eux, m'ont fait découvrir ce qu'est l'être humain dans ses besoins les plus fondamentaux d'amitié, de communauté et surtout de

Dieu. Ce sont les personnes avec un handicap mental qui m'ont introduit dans la vie communautaire avec toutes ses exigences et toutes ses joies : elles m'ont fait saisir le véritable sens de la Bonne Nouvelle de l'Évangile.

Des amis du Canada et d'autres pays sont venus m'aider à Trosly-Breuil. Nous avons pu ainsi accueillir d'autres hommes avec un handicap, puis par la suite des femmes. L'Arche a grandi dans le village et dans les villages avoisinants. Puis, en 1970, d'autres communautés liées à la communauté initiale ont été fondées en France, au Canada et en Inde. Ces communautés ont toutes la même vision, le même esprit, le même but : elles accueillent des hommes et des femmes rejetés à cause de leur handicap mental ; elles veulent constituer pour eux et avec eux une nouvelle famille, insérée dans des villages ou des quartiers d'une ville. Ces communautés ont grandi et elles se sont répandues à travers le monde. Actuellement il y en a plus de quatre-vingts dans dix-huit pays. Certaines communautés sont grandes comme celle de Trosly, qui compte plus de 400 personnes en tout, vivant dans une vingtaine de maisons répandues dans cinq villages. D'autres sont petites, comme celle qui vient de naître à Béthanie près de Jérusalem, où nous avons accueilli trois jeunes filles.

La communauté de l'Arche initiale, celle dont Odile parle surtout, est une communauté catholique. Mais beaucoup de nouvelles communautés de l'Arche, surtout celles de Grande-Bretagne, Suisse, Amérique, Allemagne et Australie sont œcuméniques. En effet, les communautés accueillent des personnes avec un handicap non selon une religion déterminée mais selon leur détresse et leur besoin. C'est parfois difficile de vivre ensemble et de créer l'unité quand on appartient à des Églises différentes. Mais en même temps, quelle richesse d'œuvrer pour l'unité entre chrétiens ! Nous sommes en train de découvrir de plus en plus notre vocation pour l'unité. Cette vocation a de grandes exigences. Mais c'est encore plus complexe quand il s'agit de vivre ensemble entre chrétiens, hindous et musulmans comme dans les communautés de l'Arche en Inde et en Cisjordanie (elles ne sont alors pas proprement des communautés chrétiennes mais sûrement inspirées par l'esprit chrétien). Là encore, quelle richesse de découvrir notre humanité commune et notre espérance commune et d'être ensemble signe de l'Amour. Cela demande à chacun (et surtout aux assistants) de faire des choix très personnels pour grandir dans sa propre foi et pour vivre uni à Dieu.

Le grand défi de nos communautés est d'amener des personnes à vivre avec les personnes ayant un handicap mental. A travers le monde, il y a tant d'hommes et de femmes en grande détresse, enfermés dans des institutions douloureuses. Tant de familles sont dans le désarroi, ne sachant quoi faire pour et avec leurs grands enfants qui ont un handicap mental. Les pauvres sont là nombreux, mais qui va accepter de devenir leur ami et partager sa vie avec eux ?

Dans notre monde, l'éducation encourage à la promotion humaine et à la recherche d'une vie aisée. Dans ce contexte, qui va accepter de descendre l'échelle de la promotion humaine pour vivre simplement avec quelques personnes ayant un handicap mental ? Et ceci, non seulement pour avoir une bonne expérience durant quelques mois ou quelques années, mais pour toute une vie !

Odile Ceyrac est une de ces personnes qui ont entendu le cri du pauvre. Elle a répondu à ce cri en venant à l'Arche en 1969. Jésus avait déjà préparé son cœur pour cela. Elle raconte dans ce livre comment elle a trouvé la vie à l'Arche, comment sa vision de l'Évangile et de l'être humain a été formée en vivant avec ces hommes et ces femmes devenus ses frères et ses sœurs. Elle raconte le cœur et le défi de l'Arche.

Odile aurait pu écrire un livre de pédagogie plein de sagesse humaine. Elle est, en effet, éducatrice spécialisée. En 1976, la communauté l'a nommée sous-directrice. Puis, quand j'ai quitté la responsabilité de la communauté en 1980, elle m'a succédé comme directrice jusqu'en 1984. Elle sait donc ce que c'est que diriger une grande communauté. Elle sait travailler avec les professionnels, les médecins, les psychologues, les psychiatres et les divers thérapeutes. Elle sait négocier des prix de journée avec les autorités départementales et gouvernementales. Elle a voulu cependant écrire un livre qui révèle ce qu'il y a de plus profond à l'Arche et dans son propre cœur. Ce livre est une histoire de tendresse et d'amour, et de souffrance, de grande souffrance. Il parle du secret de l'Arche, qui est le secret de l'Évangile : Dieu a choisi ce qu'il y a de fou et de faible dans le monde pour confondre les sages et les forts. Dieu est caché dans le pauvre. Le pauvre nous révèle la lumière et l'amour ; il nous révèle l'essentiel. Si nous le rencontrons, si nous acceptons de l'accueillir et de vivre avec lui, alors l'inattendu va se réaliser. C'est lui qui va nous guérir et nous transformer : c'est lui qui va nous apporter la lumière.

Cela paraît grotesque, impossible, de l'ordre du rêve ou d'une illusion naïve !

Dans nos sociétés, la personne avec un handicap mental a été considérée pendant des siècles comme un raté, à cacher dans la famille ou dans une institution. Elle était considérée comme une honte et à la limite comme une punition de Dieu. Dans certaines cultures, on cherchait à la tuer à sa naissance. Ceci revient à notre époque, surtout dans les pays riches, où on cherche à faire avorter les femmes enceintes d'un enfant soupçonné d'avoir un handicap ou à le tuer après sa naissance.

Certes, depuis quelques années, il y a un mouvement, inspiré surtout par des parents et des professionnels, pour redonner à la personne avec un handicap toute sa dignité humaine. Avec une éducation spécialisée, elle est capable de progresser et de faire de belles choses. Elle a le droit de trouver sa place dans la société. Elle ne doit pas être exclue de la vie sociale...

Ce mouvement de « normalisation » des personnes ayant un handicap mental est en progrès dans nos sociétés. Cependant, souvent il ne prend pas assez en compte leur cri très particulier, leur besoin d'amitié et de communauté : il ne prend pas toujours suffisamment en compte leur fragilité affective et leur capacité très grande d'aimer, ni leur capacité d'accueillir et de vivre la Bonne Nouvelle de Jésus.

Le livre d'Odile raconte précisément ce caractère propre de la personne avec un handicap mental que nous avons découvert à l'Arche. C'est pourquoi ce livre a un caractère insolite, aussi insolite que les paroles de saint Paul ou de Jésus : « Béni sois-Tu, Père, Maître du ciel et de la terre, d'avoir caché ces choses aux sages et aux prudents et de les avoir révélées aux tout petits » (Lc 10, 21). Les sages et les prudents se croient souvent les maîtres de l'univers parce qu'ils sont maîtres de la connaissance. Et voilà que l'Évangile révèle que les vrais sages sont ceux et celles que le monde voit comme inutiles et fous. Comprenne qui pourra.

Ce livre est très opportun. Depuis 1984, Odile est responsable des assistants dans la communauté de l'Arche à Trosly. Et il y en a 200 ! Une centaine sont permanents ; une centaine sont là pour des périodes de trois mois à trois ans. En plus, depuis 1985, Odile est coordinatrice des communautés de l'Arche dans le Nord de la France. En même temps, elle suit d'une façon particulière la communauté près de Rome, « Il Chicco », et la nouvelle communauté à Béthanie près de Jérusalem. Odile sait combien les personnes avec un handicap ont besoin d'avoir des assistants qui « demeurent », qui mettent leurs racines. Elle sait que les communautés de l'Arche à travers le monde ne pourront grandir, répondre davantage au cri des pauvres que si davantage d'hommes et de femmes découvrent le secret de Dieu et de l'Évangile, la présence de Jésus caché dans les petits, et veulent s'engager auprès d'eux. Ce livre va les aider à découvrir ce secret et à trouver la spiritualité qui leur permettra de mettre leurs racines proches du pauvre.

Ce livre qui raconte le cœur d'Odile et ses découvertes est un livre de spiritualité. Il présente aux jeunes de nos sociétés cette petite voie si simple de l'Évangile et de l'Arche. Trouver la vie, la joie, la liberté intérieure et le sens de l'univers est possible : c'est à la portée de chacun de nous. Beaucoup de jeunes sont découragés à notre époque. Ils croient que pour trouver le trésor de la vie, il faut faire de grandes choses et ils se sentent incapables de les faire. Ils se sentent trop faibles, trop proches de leurs propres blessures et de leurs failles. Ce livre leur dit que trouver le trésor de la vie est possible ; on le trouve en descendant l'échelle et en vivant avec le pauvre, en faisant de très petites choses d'amour. Ce livre est un livre d'espérance qui nous révèle que les personnes avec un handicap mental ont un message important à nous donner ; que si nous voulons bien les rencontrer, les écouter et partager notre vie avec eux, alors nous trouverons la vie, la joie, la liberté intérieure, la communauté ; nous trouverons Jésus et la très Bonne Nouvelle de l'Évangile.

Odile montre clairement qu'une communauté de l'Arche est une communauté d'un type nouveau. Elle ressemble à une famille, mais elle en est différente, car les liens qui unissent les membres ne sont pas ceux du sang ; ils sont un don de Dieu : ils constituent une alliance d'amour. Sous certains angles, l'engagement des assistants ressemble à l'engagement de religieux, mais l'Arche est très différente d'une communauté religieuse ; elle en est différente car le cœur de l'Arche, les *membres* les plus essentiels, sont les personnes ayant un handicap. Et puis, ni tous les assistants, ni toutes les personnes avec un handicap ne participent nécessairement à une même foi, même si, bien sûr, ils doivent tous être motivés par un même amour. D'une façon très vivante, Odile décrit le visage de ces communautés d'un type nouveau. Elle demeure au niveau d'une description vivante sans entrer dans le détail théorique ou sans élaborer une théologie de ces communautés.

Ce livre, encore une fois est un livre de spiritualité. C'est pourquoi Odile ne développe pas non plus un aspect complexe de nos communautés. Elles sont des communautés, mais elles sont aussi des centres contrôlés et souvent financés par l'État. Les assistants reçoivent des salaires, même si ceux-ci ne sont pas élevés. Il faut alors prendre en compte les lois concernant le travail. Les communautés dépendent aussi des conseils d'administration, dûment constitués selon les lois d'un pays.

Ces exigences légales peuvent être vues comme des entraves. Je crois plutôt qu'elles sont notre réalité, une réalité qui nous oblige à une vérité en face de la société, et elles permettent à l'Arche de ne pas être totalement à part et de pouvoir porter un témoignage, dans la société et dans l'Église, sur la valeur et la beauté de la personne avec un handicap et sur son rôle dans le monde.

Ce livre nous fait toucher le mystère de l'être humain, chaque être humain, et de la société dans la vision de Dieu. Ce mystère a été révélé dans le chant de Marie : « Il a fait descendre les puissants de leurs trônes, il a élevé les petits. » Que ce livre nous aide tous à descendre de notre piédestal d'orgueil et de puissance pour découvrir le mystère de la petitesse et de l'Amour de Jésus.

Jean Vanier

PREMIÈRE PARTIE

LE CORPS BRISÉ DU PAUVRE :
LE CORPS BRISÉ DE JÉSUS

I

LE CRI DU PAUVRE

Le cri du pauvre

Le cri du pauvre ! C'est à cause de lui que nous sommes à l'Arche, et à cause d'une des premières paroles de Dieu à l'homme : « Qu'as-tu fait de ton frère ? » (Gn, 4, 9). Lorsque Jean Vanier a rencontré Raphaël et Philippe, dans un hospice, en 1964, ils ne lui ont pas dit « Prends-nous avec toi. » Mais en voyant Raphaël et Philippe dans ce lieu qui était un lieu de misère, et de détresse, il a entendu leur « cri ». C'est l'expression de leur visage, la façon d'être de Raphaël et de Philippe qui ont dit à Jean : « Prends-nous avec toi. »

C'est parce que nous avons été interpellés par les personnes pauvres et blessées qui crient pour une relation, pour que l'on soit proche d'eux, pour que l'on vive avec eux que nous sommes venus vivre à l'Arche.

Le « cri » est présent dans toute vie. Le cri du pauvre nous appelle à redécouvrir le sens du cri dans nos vies. Quand nous sommes en situation de détresse, nous crions, nous appelons pour de l'aide, le plus souvent par la voix, avec des cris de souffrance, avec des gémissements.

Le cri est au-delà des mots, il exprime quelque chose de très primitif, de très fondamental de la vie humaine.

Le cri est une des premières manifestations de notre vie. L'enfant qui vient de naître crie. C'est souvent sa première manifestation lorsqu'il quitte le ventre de sa mère. Autant d'enfants, autant de façons uniques de lancer ce premier cri. Ce « cri » du début, on le retrouve à la fin de notre vie. Que la mort se présente lorsqu'on est encore jeune ou lorsqu'on est plus âgé, elle est souvent entourée de « cris et gémissements ». Les agonisants n'ont souvent plus la force de parler. Ils ne peuvent que gémir pour faire un peu comprendre ce qu'ils vivent.

Quand Jésus est mort sur la Croix, Il a poussé un cri : « Poussant de nouveau un grand cri, Il rendit l'esprit » (Mt 27, 50).

Ce cri que nous trouvons au début et à la fin de notre vie est significatif d'un état spécial, d'un état de détresse, de faiblesse, de souffrance. Il est enfoui en chacun de nous, et souvent nous l'oublions. Chez les personnes ayant un handicap, ce cri est lié à un état de faiblesse, à l'état de dépendance qui est souvent le leur à cause de leur handicap et des réactions que celui-ci suscite autour d'eux. Il se manifeste par la voix, par le « son », mais aussi par tout le corps de la personne, par son regard.

Certaines personnes ayant un handicap mental n'accéderont jamais au langage. Elles en resteront toute leur vie à un niveau d'expression très primaire : le cri, le gémissement et, espérons-le, une certaine plénitude de paix venant de l'amour. La relation que nous pouvons avoir à l'Arche avec des frères et sœurs qui ne parlent pas nous touche beaucoup. C'est un grand privilège de pouvoir accueillir dans nos communautés ces personnes très lourdement handicapées qui vivront toute leur vie dans un état de dépendance extrême. Elles ont un rôle d'éveil par rapport à une dimension essentielle et première de notre vie. Elles nous ramènent à l'essentiel, à ce cri primal enfoui en chacun de nous. C'et un des rôles de la personne ayant un handicap dans notre monde, comme c'est aussi le rôle des petits enfants, de nous ramener au cœur de l'Évangile en nous mettant en contact avec notre propre pauvreté.

Ce cri de la personne ayant un handicap réveille en nous des angoisses, très enfouies mais très présentes. C'est pourquoi le fait d'accueillir le cri du pauvre nous renvoie toujours à notre propre cri. Nous voulons ignorer ce cri qui est en chacun de nous parce qu'il nous met directement en contact avec le pauvre qui est en nous. Pour supporter ce cri d'angoisse en nous, nous avons besoin de supplier en même temps pour notre salut, d'appeler Jésus, notre Sauveur. Dans les *Psaumes*, on entend très souvent exprimé ce cri de l'homme vers son Dieu :

« Quand je crie, réponds-moi, Dieu de ma Justice. »   (Ps. 4,2).
« Dans mon angoisse, j'invoquai Yahweh, vers mon Dieu, je lançai mon cri. »   (Ps. 18,7).

Les Psaumes montrent aussi comment Dieu entend notre « cri » :

« Il entendit de son Temple ma voix et mon cri parvint à ses oreilles. »
                                                                    (Ps 18,7).

Nous sommes en état de détresse quand nous crions, et si personne n'est là pour entendre notre cri, notre détresse s'intensifie. C'est souvent la situation des personnes ayant un handicap, des pauvres de notre monde, des réfugiés, des sans-abri, des affamés. Les pauvres crient, mais personne ne les entend et, souvent même, on les met encore plus à l'écart pour ne plus les entendre, pour ne pas être dérangé. On va même plus loin quand, dans certains pays, on pratique ce qu'on ose appeler «l'avortement thérapeutique» - suppression des enfants qui risquent de naître avec un handicap. Il arrive aussi qu'on mette les personnes qui dérangent trop par leurs cris dans des lieux tout à fait à l'écart dans lesquels on les enferme souvent pour toute leur vie. Ce qui est extraordinaire, c'est que Dieu les entend toujours, et qu'Il leur est toujours présent d'une façon spéciale.

La Lumière, comme le cri...

J'ai toujours été frappée, lors de visites dans des hôpitaux, des hospices, des maisons de mourants, dans tous ces lieux de grande détresse humaine, de la présence de Dieu qu'on y perçoit. Ce qui m'a le plus impressionnée quand j'ai visité la Maison des mourants de Mère Teresa à Calcutta, ce sont les regards et les visages de ces hommes et de ces femmes tellement souffrants et qui, en même temps, rayonnent de Jésus. Ils sont Lumière de Jésus pour nous, pour le monde. Mais nous avons tant de mal à accueillir Jésus, nous avons tant de mal à accueillir la lumière.

« La lumière luit dans les ténèbres et les ténèbres ne l'ont pas saisie. »
(Jn 1, 5).

La lumière c'est un peu comme le cri, elle pénètre en nous comme un dard et nous pouvons l'accueillir ou ne pas l'accueillir :

« Le Verbe était la lumière véritable, qui éclaire tout homme, Il venait dans le monde, Il était dans le monde, et le monde fut par Lui, et le monde ne l'a pas reconnu. Il est venu chez Lui, et les siens ne l'ont pas accueilli. Mais à tous ceux qui l'ont accueilli, Il a donné pouvoir de devenir enfants de Dieu. » (Jn 1, 9-12).

Le cri du pauvre est ce dard qui nous perce, qui nous pénètre. Comme la lumière qui vient de Jésus, nous pouvons soit l'accueillir, soit le rejeter. Si nous l'accueillons, le cri du pauvre est source d'espérance pour nous, il vient nous rejoindre en cette source qui sommeille en chacun de nous et qui est source de vie. Il vient réveiller ce que nous avons de plus précieux au plus profond de notre être et que souvent nous ignorons, cette « source dont les eaux ne tarissent pas. »

Des sources d'eau vive

Il faut nous réjouir quand le cri du pauvre réveille en nous cette « source de vie ». C'est un peu comme si Jésus renouvelait pour nous sa rencontre avec la Samaritaine (Jn 4, 1-42). Jésus vient à la rencontre de chacun de nous, qui avons soif, qui portons ce cri enfoui dans notre cœur. C'est Lui qui le met au jour et en fait sourdre une eau vive « jaillissant en vie éternelle » (Jn 4, 14). Mais souvent nous ne sommes pas pressés de découvrir ces sources de vie qui sommeillent.

Notre vie à l'Arche nous amène à comprendre que Jésus est toujours là, au cœur de notre vie, comme Il se trouvait assis contre la margelle quand la Samaritaine est venue chercher de l'eau au puits. C'est Jésus qui a fait cette démarche d'aller s'asseoir au bord du puits. Il en est toujours ainsi dans nos vies : c'est toujours Jésus qui vient à notre rencontre, c'est toujours Jésus qui vient à la rencontre de notre cri, de notre soif. Jésus vient nous trouver là où nous sommes. Il est toujours là avant nous. Il était là au bord du puits avant que la Samaritaine arrive, et Il était là dans nos communautés avant que nous y soyons. Il est là et Il nous attend.

Jésus est là, fatigué, assis au bord du puits, et c'est là, dans sa fatigue, qu'Il nous regarde, comme il a regardé la Samaritaine. Il nous dit : « Si tu as soif, je te donnerai de l'eau, de l'eau vive, tu n'auras plus jamais soif. » On pense souvent que Jésus est fort, que Jésus est puissant, et c'est vrai, mais il est important de découvrir aussi Jésus fatigué. Jésus nous le dit : « Je suis fatigué de t'attendre. »

Jésus est fatigué parce que souvent nous ne Le voyons pas. Il est là et nous passons notre chemin, sans Le regarder, sans oser L'entendre. De même, nous ne voulons pas entendre le cri du pauvre. La Samaritaine, elle, a vécu beaucoup de choses difficiles dans sa vie, et elle n'a plus le choix. Elle est pauvre parmi les pauvres. Elle n'a pas le choix d'aller ou non puiser de l'eau à midi. Elle n'a pas la possibilité d'éviter cette heure très chaude, car elle est exclue de son village, elle a eu cinq maris. Elle ne peut pas aller puiser de l'eau le matin, avec les autres femmes, elle est obligée de venir à midi. A cause de ce non-choix, voilà qu'elle est obligée de rencontrer Jésus ! Il en est ainsi souvent pour nous. Parfois nous avons trop de choix, et nous ne rencontrons pas Jésus. Nous avons le choix d'aller chercher de l'eau le matin et de ne pas y aller à midi, alors que c'est le moment où Jésus est là. Jésus voit au-delà des apparences. Il nous rejoint là où nous sommes, il nous rejoint immédiatement dans nos misères, dans notre vulnérabilité, dans nos difficultés, dans nos blessures. Mais nous n'avons pas envie que notre misère, que nos difficultés soient découvertes, dévoilées. Alors nous passons sans le voir et nous nous enfuyons, comme nous nous enfuyons hors du regard des pauvres. La Samaritaine n'avait pas le choix, elle devait aller puiser de l'eau. C'est vrai que nous, nous avons trop souvent le choix. Les pauvres nous le crient. Nous avons souvent trop de richesses pour pouvoir rencontrer Jésus.

Quand nous venons vivre à l'Arche, nous sommes appelés à entendre ce cri, et il faut éviter de le fuir. Nous venons pour l'entendre, pour le porter, pour qu'il touche notre cœur.

Nous venons partager nos vies avec les pauvres pour leur donner un milieu, un environnement dans lequel ils puissent s'épanouir, révéler le message, la Bonne Nouvelle qu'ils ont à donner au monde. Un des rôles essentiels de nos commmunautés est bien cela, créer une « bonne terre » dans laquelle les pauvres puissent vivre, grandir, s'épanouir. Comme la petite graine de moutarde dont nous parle Jésus dans l'Évangile :

> « C'est bien la plus petite de toutes les graines, mais, quand elle a poussé, c'est la plus grande des plantes potagères qui devient même un arbre au point que les oiseaux du ciel viennent s'abriter dans ses branches » (Mt 13, 32).

Souvent nous en arrivons à ne pas entendre le cri du pauvre, nous sommes tièdes, nous sommes dans une situation un peu trop confortable, nous ne sentons pas un besoin des autres ni de Jésus. Jésus ne peut, d'une certaine façon, être présent dans nos vies que lorsque nous sommes pauvres, quand nous à notre tour nous crions, quand nous reconnaissons que nous sommes pauvres et pécheurs. C'est le Message de l'Évangile. Jésus n'est pas venu pour les bien portants et les justes, Il est venu pour les malades et les pécheurs (Mc 2, 17). Nous sommes tous malades, mais nous voulons l'oublier, et passer notre chemin sans voir Jésus.

Dans notre vie à l'Arche, à un moment ou à un autre, nous sommes obligés de découvrir notre pauvreté, de descendre de notre piédestal et de toucher nos limites. Cela vient plus ou moins vite, mais chacun y est appelé. Descendre de son piédestal est un exercice qui n'est jamais fini : il faut recommencer chaque jour.

Chacun de nous a été appelé à quitter son petit confort intérieur et à rejoindre l'autre dans sa misère. C'est sur ce chemin que nous sommes appelés à marcher à l'Arche. A partir du moment où nous découvrons notre propre misère, notre cri, nous nous apercevons que notre cœur est brisé, que notre cœur de pierre commence à s'ouvrir. A partir de ce moment-là nous pouvons rencontrer Jésus qui nous attend.

« Alors, n'aie pas peur de venir t'asseoir près de Lui, n'aie pas peur de venir L'écouter, n'aie pas peur de laisser Jésus te regarder et t'adresser une demande. Comme le pauvre, Jésus a soif et Il te dit : « Donne-Moi à boire. »

II

LE VISAGE DU PAUVRE

Le visage du pauvre parle un langage qu'il faut savoir entendre. Il faudrait pouvoir déchiffrer ce qu'il signifie. Nous disons parfois que le visage du pauvre est icône de Jésus, présence de Jésus, j'ai pu vérifier combien cela était vrai.

La vie avec les personnes ayant un handicap nous fait découvrir avec force, avec évidence, la vérité de la première béatitude évangélique : « Heureux les pauvres en esprit, car le royaume des cieux est à eux. » C'est évident quand on vit avec eux : ils ouvrent une voie privilégiée pour entrer dans le Royaume.

En contemplant le visage du pauvre, on peut dans ses traits retrouver les trait mêmes de Jésus crucifié, et pressentir ceux de Jésus glorifié. C'est un grand mystère dans lequel il nous est donné de pénétrer, tout simplement parce que nous vivons ensemble, parce que nos vies sont liées dans la même communauté, la même famille, celle de l'Arche, car nous vivons entre nous une alliance et cette alliance est une alliance d'éternité, née directement du Cœur blessé de l'Agneau, de Jésus.

Visage de bonté

Ce qui me frappe dans le visage des personnes ayant un handicap, comme dans le visage de toutes les personnes qui souffrent, c'est d'y voir reflétés tour à tour des moments de grandes ténèbres et de grandes lumières. J'étais à l'Eucharistie dans une paroisse il y a quelques jours. Devant moi il y avait une jeune fille de quatorze ans environ, handicapée physique et mentale. Son visage, son sourire m'attiraient : il y avait dans la façon dont elle me regardait tant de bonté. Je ne sais pas qui est cette fille, et nous ne nous reverrons peut-être jamais. Mais nous avons eu une vraie rencontre. A travers son être elle m'a donné la paix, elle m'a donné Jésus. En cette assemblée dominicale d'une paroisse tout ordinaire, elle était présence, signe que la Bonne Nouvelle est annoncée par les pauvres aussi bien qu'aux pauvres.

Lors d'un stage que j'ai fait comme éducatrice spécialisée dans un grand hôpital psychiatrique de la région parisienne, il y a plusieurs années, j'ai été touchée par le visage des enfants avec qui j'ai passé quatre mois. Ils étaient vingt-cinq, entre deux ans et quinze ans, tous portant un très lourd handicap mental. La plupart y avaient été placés très jeunes, souvent dans leur première ou deuxième année de vie. A la fin du stage, j'aurais voulu pouvoir continuer à vivre avec eux, pour pénétrer dans ce mystère de vie, d'amour, de douleur qui habitait chacun. C'était la première fois que je passais un temps si long chaque jour (huit heures environ) pratiquement seule avec des enfants ayant un handicap. Les infirmières leur donnaient les soins (toilette, repas) et mon rôle comme éducatrice était d'être avec eux le reste du temps. Quand l'infirmière de service venait m'ouvrir le matin la porte du pavillon, j'avais l'impression de pénétrer dans un monde que notre « monde » veut ignorer, un monde que chacun de nous veut écarter bien loin. Oui, nous voulons tous mettre très loin de nous ce monde de la souffrance à l'état brut.

Je garde présent le visage de chacun des enfants de ce pavillon d'hôpital psychiatrique. Visage qui est douleur, attente mais aussi confiance, tendresse, et joie. Visage qui exprime un grand amour.

Visage de tendresse

Mireille, douze ans, restait toujours assise sur sa chaise, immobile. Elle ne pouvait bouger que très peu son corps, ses membres. Elle avait un petit visage très fin, avec les yeux qui s'ouvraient à peine. Seule sa tête remuait sans cesse d'un côté à l'autre, comme pour oublier le temps. Quand elle sentait la présence de quelqu'un près d'elle, sa tête s'arrêtait de bouger dans tous les sens, elle avançait la main, elle tendait son visage. Si alors je prenais sa main avec douceur, si je venais près d'elle, son visage s'illuminait, elle souriait. Elle avait l'air si heureuse de cette petite présence que je pouvais lui donner... Je pouvais à loisir contempler son visage, ce n'était pas indiscret car elle me voyait à peine.

« Merci, Mireille, pour ton visage d'enfant qui exprime tant de douceur. Mais d'où te vient cette douceur, cette paix, alors que l'univers où tu vis depuis tes premiers mois est si difficile, si rude, si laid sous beaucoup d'aspects. D'où te vient cette paix, Mireille ? Je n'ai pas d'autre réponse que celle-ci : cette paix et cette douceur te viennent de Jésus. C'est Lui qui habite toute ta détresse et qui te donne quelquefois ces moments de lumière, ces moments de gloire.

« Oui, c'est bien Jésus-Christ, crucifié et ressuscité qui t'habite. Ton visage est Son Visage, ta douceur est Sa douceur, ta paix est Sa paix. Merci, Mireille, d'être ce visage de Jésus pour nous. Dans ta vie, j'ai trouvé La Vie. Pourtant, cela n'a pas de sens humainement, une telle vie pour une petite fille de douze ans. C'est un scandale pour notre monde, c'est un scandale pour notre cœur : c'est le scandale de la Croix.

« Te rencontrer, Mireille, a été pour moi un privilège : te connaître et surtout avoir pu t'accueillir à l'Arche ! Quelle joie de te voir enfin chez nous !

« Il faudrait raconter toute ton histoire. Quand je t'ai connue dans ce pavillon psychiatrique pour enfants, tu avais douze ans. A cette époque, le projet que nous avions à l'Arche d'ouvrir des foyers pour l'accueil de personnes très handicapées était encore lointain. En 72, je ne pensais pas que nous pourrions t'accueillir chez nous en 80. Mais après ces quatre mois vécus dans ton pavillon, tu m'étais restée très présente, comme aussi les autres enfants. En 1978, nous avons ouvert la Forestière, à Trosly, le premier foyer pour personnes très lourdement handicapées. Il y avait beaucoup de demandes d'accueil mais personne n'a fait de demande pour toi. Plus tard, une place était libre dans le foyer et je suis allée à l'hôpital psychiatrique rencontrer un jeune homme qu'un des médecins de l'hôpital nous avait demandé d'accueillir. Entrant dans la chambre où il se trouvait, quelle ne fut pas ma surprise de te retrouver, toi Mireille, toujours dans la même position, assise immobile sur une chaise, le visage très souffrant. Le médecin qui m'accompagnait m'apprit que tu ne pouvais rester dans ce pavillon d'adolescents et que tu allais être transférée dans un service d'adultes d'un hôpital psychiatrique proche de Paris, dans le département où habitaient tes parents. Bien sûr, tu avais vingt ans, mais tu avais un corps de petite fille, et il y avait quelque chose de choquant de savoir que tu allais atterrir dans un service d'adultes, malades chroniques. Tout de suite, j'ai demandé au médecin s'il ne serait pas possible de t'accueillir à la Forestière, puisque le jeune homme que j'étais venue voir n'avait pas, en fait, sa place dans notre foyer. Le médecin semblait très ouvert à cette perspective. Les démarches pour ton admission ont été entreprises et, à la grande joie de tes parents, tu as été accueillie chez nous en 1980. »

Mireille a vécu avec nous quatre ans. A son arrivée à la Forestière, elle a connu tout de suite comme une explosion de vie. Elle a voulu marcher, elle a voulu apprendre à manger toute seule. Ses parents, qui ne supportaient plus d'aller voir leur fille à l'hôpital, sont revenus la voir au foyer. C'était une fête de voir Mireille avec eux. Quelle tendresse ils retrouvaient pour leur fille ! Nous avions tous beaucoup de joie quand ils venaient.

Mireille a eu aussi beaucoup d'amis dans la communauté. Marcel, qui vivait dans un autre foyer, avait beaucoup d'amitié, beaucoup de tendresse pour elle. Quand je pense à Mireille, je pense à une petite princesse. Dans sa façon d'être, il y avait quelque chose de si gracieux, de si aimable. Mais vers l'âge de vingt-quatre ans, Mireille a commencé à avoir des moments difficiles. Son visage était souvent triste, éteint, souffrant. On ne comprenait pas bien ce qui se passait en elle. Un soir, Mireille n'allait pas bien du tout. Les assistants étaient inquiets. Celui qui faisait la veille pour la nuit est passé la voir vers onze heures, mais elle ne respirait plus. Il a appelé le SAMU ; les médecins ont essayé de la réanimer. Mais Jésus avait décidé de venir prendre sa petite princesse. C'était une nuit très belle. Comme pour tout ce qu'elle a fait dans sa petite vie, Mireille était partie très doucement, sans bruit.

« Je te prie souvent, Mireille. Tu sais que nous avons encore besoin de toi, de ta douceur, de ta délicatesse. Merci à toi d'être venue vivre chez nous. Ton visage de douceur reste très profondément gravé en nous, en nous tous qui avons eu cette grâce de partager un peu notre vie avec la tienne. »

Visage de lumière

« Et toi, Emmanuelle, ton visage ! Tu avais huit ans quand nous nous sommes rencontrées, toujours dans ce même pavillon. Tu étais aveugle, alors tu venais t'agripper à nous, tu venais sentir un peu qui nous étions, savoir si nous pouvions te donner un peu de temps.

« Lorsque nous pouvons sortir avec toi au dehors, c'est la joie. Écouter le vent, sentir la pluie sur ton visage, quelle fête ! Tu éclates de rire dans ce contact avec l'univers, avec notre frère le vent, notre sœur la pluie. On pourrait craindre que tu sois seule, enfermée dans cette joie, mais pour l'avoir vécue avec toi je sais que tu es souvent bien présente et que tu as besoin que quelqu'un soit là avec toi pour goûter ce bonheur du vent, de la pluie, du soleil sur ton visage. A ta façon, Emmanuelle, tu loues, tu chantes la beauté, la grandeur de notre univers, de notre Dieu. Quelle grâce d'être avec toi dans ces promenades, Emmanuelle ! Bien que tu ne voies pas la lumière, on ne peut pas dire que tu sois une enfant triste. La joie habite en toi. Merci pour cette joie, cette vie reçue de toi, Emmanuelle. Merci pour cet hymne à l'univers que tu chantes à ta façon et qui continue à murmurer en moi. »

Visage de douleur

Oui, je pourrais parler de chaque visage ! Je dois encore évoquer Patrick, ce petit garçon de six ou sept ans, tout à fait autiste, qui avait besoin d'être constamment maintenu à cause d'une attitude d'auto-mutilation très forte.

« Patrick, dans ton visage on ne voit que les yeux, ces yeux qui nous fixent, ces yeux dont le regard est sans fin. Pourquoi as-tu constamment besoin de te frapper, Patrick ? Quelle est cette détresse qui t'habite ? D'où vient-elle ? Tu sembles si loin, si loin de tout contact humain, de toute relation avec un autre. Tu t'es enfoui quelque part, dans un autre univers, un univers que nous ne connaissons pas, un monde étranger. Tu emploies des mots, un langage que nous ne comprenons pas, que nous ne pouvons pas décoder. Où es-tu Patrick, où demeures-tu ? Tu m'as hantée durant ces quatre mois de vie avec toi.

« Les médecins, les psychiatres ne savaient que faire. Quand j'étais là avec toi, je te prenais la main, je maintenais ton petit corps pour que tu ne le frappes pas. J'étais inquiète de passer de si longs moments avec toi, sachant que je ne resterais pas longtemps au pavillon. Parlant de mon inquiétude au médecin psychiatre, elle m'a dit de te donner sans crainte tout ce que je pouvais te donner : il valait mieux essayer de t'apaiser par une présence que par d'autres moyens.

« Cela fait mal, les coups que tu te donnes, Patrick. Plongeant dans tes yeux qui me fixent, j'essaie de te dire que je suis là avec toi, mais je te sens absent, incroyablement absent, loin, si loin... Sur quelle planète t'es-tu arrêté ? C'est le monde dramatique de l'autisme. Aucun sentiment n'apparaît sur ton visage. Tu ne peux plus, tu ne veux plus. Tu ne peux pas nous communiquer ce que tu vis.

« Et pourtant la vie est en toi. Il y aura des étincelles qui me feront comprendre que tu sais que je suis là pour toi, que tu attends quelque chose, un ailleurs. Dans cette attente, nous te rejoignons tous. Sans le savoir tu vis un grand Avent et, à la fin de ton attente, Jésus te sera donné. Tu Le reconnaîtras, Lui qui habite en toi. Tu m'as appris, Patrick, tu m'as obligée à descendre dans ces abîmes par lesquels il nous faudra tous passer pour trouver la Vraie Vie.

« Je ne t'oublie pas, Patrick. Nous ne nous sommes pas revus depuis 1972, mais tu es toujours là, présent, avec ton attente, Patrick, avec tes yeux qui regardent toujours au-delà, tes yeux d'un prophète pour demain... »

III

LA SOUFFRANCE DU HANDICAP

Le handicap

Le handicap mental est quelque chose de radical qui, souvent, atteint l'enfant à la naissance. Les causes en sont la plupart du temps bien mystérieuses et le resteront peut-être encore longtemps, même si quelques-unes ont pu être découvertes. Dans la plupart des cas, il est encore impossible, aujourd'hui, d'y porter remède. La maman qui met au monde un enfant qui a un handicap mental sait, le plus souvent, que cette déficience marquera l'enfant pour toute sa vie.

L'enfant se développera moins rapidement que les autres. Toutes ses acquisitions seront retardées, ou totalement entravées. L'acquisition de la marche, du langage seront des étapes particulièrement difficiles à franchir. Si l'enfant ne parvient pas à marcher, ou difficilement, il sera très dépendant. Ce manque d'autonomie entraînera d'autres difficultés au niveau du développement de sa personnalité. L'acquisition du langage sera presque toujours très difficile, car les mots pour être compris et bien utilisés exigent une capacité d'abstraire et de symboliser qui manque à l'enfant ayant un handicap mental. Les troubles du langage à leur tour rendent difficile la communication verbale, qui est pourtant une base essentielle sur laquelle s'établissent les rapports entre les personnes. La lourdeur du handicap peut parfois amener les parents, malgré eux, à vivre une forme de rejet, d'abandon de leur enfant.

Dans les familles, l'accueil de l'enfant qui a un handicap mental est vécu de façon très différente, unique pour chaque famille. Il y a bien sûr beaucoup de manières possibles, très nuancées, d'accepter, d'aimer son enfant avec un handicap. Mais beaucoup de parents manquent du soutien nécessaire.

Foi et Lumière

Je voudrais parler ici du mouvement « Foi et Lumière » qui est un grand mouvement communautaire de soutien pour les parents, comme un cousin germain de l'Arche, vivant du même esprit et de la même spiritualité. Jean Vanier et Marie-Hélène Mathieu, qui est Secrétaire générale de l'Office chrétien des personnes handicapées[1] ont fondé ce mouvement « par hasard »... Ils ont organisé, à Pâques 1971, un pèlerinage international à Lourdes pour les personnes avec un handicap, leurs parents et leurs amis, et c'est là que tout a commencé.

J'ai participé à ce pèlerinage où nous étions douze mille personnes. Nous avons célébré le Vendredi Saint ensemble, en pensant à Jésus crucifié, Jésus méprisé et rejeté, l'homme de douleur décrit en Isaïe 53. Beaucoup de ceux et de celles qui étaient là connaissaient les mêmes souffrances de rejet et de mépris. La nuit de Pâques, nous avons célébré la Résurrection : notre espérance. « Jésus est Vivant. Alléluia ! » Comme nous aimions le chanter avec ardeur ! Il a vaincu la mort. Nous aussi nous sommes appelés à être des vivants pleins d'espérance. Ce pèlerinage était comme une grande célébration : la célébration des pauvres réunis autour de Marie, chantant leur foi et leur amour en Jésus Sauveur.

Nous avons chanté et dansé sur l'esplanade de la basilique ; nous avons fêté notre espérance avec des frères et sœurs venus d'une vingtaine de pays. Nous avons tous vécu quelque chose de très fort et de merveilleux qui nous a fait désirer demeurer en contact, surtout avec les personnes vivant à proximité de nos choix d'habitation. Nous voulions revivre ensemble la grâce qui nous avait été donnée.

C'est ainsi que « Foi et Lumière », qui avait commencé comme un simple pèlerinage s'est transformé en un mouvement communautaire. Aujourd'hui, en 1988, il y a plus de sept cents communautés à travers le monde, dans une quarantaine de pays. Chaque communauté est composée de personnes avec un handicap mental, leurs parents et leurs amis : cela fait souvent une trentaine de personnes en tout. Si une communauté a plus de trente membres, il faut songer à donner naissance à une autre communauté, afin que les groupes se multiplient.

Ces communautés ne sont pas des communautés de vie comme celles de l'Arche, mais de rencontres. Les membres se retrouvent une ou deux fois par mois pour célébrer les liens qui les unissent, pour partager leur foi, leurs soucis et leurs peines, pour prier et si possible célébrer l'Eucharistie ensemble. Pour les parents, c'est un lieu merveilleux de soutien. Ils ne sont plus seuls. Ils ont des amis, des frères et

---

1. O.C.H., 90, avenue de Suffren, Paris 75015, publie une revue chrétienne pour les familles et les amis des personnes avec un handicap sous le titre *Ombres et Lumières*.

sœurs. Et durant les rencontres communautaires, où ils chantent et dansent, partagent et prient, ils découvrent un nouveau visage de leur enfant. Peu à peu cet enfant ne leur apparaît plus comme un problème ou un poids, mais comme un don de Dieu - peut-être pas le don qu'ils auraient souhaité, mais le don de Dieu qu'ils ont reçu et qui maintenant leur révèle la lumière et le visage de Jésus. Leur enfant devient un chemin d'amour et de vie pour eux.

Le but de « Foi et Lumière » n'est donc pas de faire des choses ensemble, de résoudre des problèmes, créer des écoles ou des ateliers, pas même de mettre sur pied une catéchèse ; le but est réalisé dans l'amour qui unit les membres. Il est dans la célébration des liens des membres entre eux, unis dans une même foi en Jésus et dans l'Évangile, et dans une même espérance.

C'est si beau de voir le visage et le cœur des parents se transformer une fois qu'ils ont découvert une communauté « Foi et Lumière », dans laquelle leur enfant a sa place, et une place privilégiée[1]. Et bien sûr, les personnes avec un handicap, qui sont parfois de grands adultes, trouvent enfin une véritable communauté, des frères et des sœurs qu'ils peuvent aimer. Ils trouvent une communauté où la Bonne Nouvelle est annoncée et célébrée. Et certains de leurs amis trouvent à travers l'engagement communautaire auprès des plus pauvres un nouveau sens à leur vie ; ils découvrent l'Évangile.

Le drame du rejet et de l'abandon

Le manque de soutien aux parents tient souvent à la façon dont la vie sociale, familiale est organisée, en particulier dans les villes, au fait aussi que souvent le père et la mère doivent travailler. C'est pourquoi il est très difficile pour une famille d'assumer un enfant qui a un très lourd handicap mental. Pour qu'une famille puisse garder cet enfant à la maison, il faut des conditions de soutien très particulières, très fortes. Les parents ne peuvent assumer vingt-quatre heures sur vingt-quatre leur enfant à la maison, dans le contexte de la vie de famille, avec la présence des autres frères et sœurs, avec les soucis de chaque jour. Le moment vient où il faut se résoudre à le placer à l'hôpital. Cette quasi-séparation, ce moment où un père et une mère viennent amener leur enfant à l'hôpital psychiatrique, sachant bien qu'il sera difficile de le reprendre, est un moment dramatique. Il restera gravé très douloureusement dans le cœur de ce père, de cette mère, dans le cœur des frères et des sœurs. Cet acte sera souvent pour eux source d'un énorme sentiment de culpabilité, il pèsera longtemps sur leur vie. On est bouleversé de découvrir ce qui peut être vécu dans le cœur des parents.

---

1. Pour plus de renseignements sur « Foi et Lumière », on peut écrire au Secrétariat International de Foi et Lumière, rue du Laos, Paris 75015.

Je voudrais parler de Nicolas, un jeune garçon que j'ai connu à l'hôpital psychiatrique dans le pavillon dont j'ai déjà parlé et qui a pu être accueilli à l'Arche à l'âge de seize ans. Nicolas avait un très lourd handicap. Il était aveugle, sourd et avait un très petit corps. Sa mère avait eu la rubéole quand elle l'attendait. Nicolas, très petit, faisait beaucoup de convulsions, sa vie était en danger. Sa famille est très simple. Il y avait déjà d'autres enfants ; le père avait un métier qui le retenait souvent toute la semaine hors de la maison. A un an, puis à dix-huit mois, Nicolas a dû faire des séjours à l'hôpital général, puis à l'hôpital psychiatrique. Pour une raison que j'ignore, il a dû, vers trois ou quatre ans, être transféré de l'hôpital de sa région vers un très grand hôpital psychiatrique de la région parisienne, celui où j'ai fait mon stage. Il est devenu alors très difficile aux parents d'aller lui rendre visite : c'était trop loin, ils n'avaient pas de voiture, ils étaient trop pris par le souci quotidien des autres enfants. Quand j'ai rencontré Nicolas, il avait neuf ans. Personne ne connaissait ses parents, les infirmières ne les avaient jamais vus, sa famille ne se manifestait pas. Je pensais qu'il avait été abandonné.

Quand à l'âge de seize ans il a été possible de l'accueillir à l'Arche, à la Forestière, j'ai été étonnée d'apprendre qu'il fallait informer la famille de ce transfert et demander une autorisation parentale. Un dossier envoyé à la famille nous a été renvoyé signé par ses parents. Nous avons alors essayé d'entrer en rapport avec eux, mais sans succès. Ils ne semblaient pas du tout désirer avoir des relations avec leur fils... Une fois, Nicolas a été très malade, sa vie était en danger. Nous avons téléphoné à ses parents pour les prévenir, mais ils n'ont pas réagi. A vingt-trois ans, de nouveau, Nicolas est tombé très gravement malade, d'un mal qui a duré plusieurs mois. Les médecins, généralistes et psychiatres, ne comprenaient pas ce qui se passait en lui. Il ne mangeait plus ou bien il rejetait immédiatement ce qu'il mangeait. Il ne dormait plus. Il ne pouvait plus se tenir sur son petit corps : il tombait sans cesse. Pourtant, il essayait de se mettre debout, d'aller vers la lumière... Nous ne savions comment lui être présents. Puis un jour, un dimanche, après le repas, Nicolas s'est trouvé très mal. Nous avons senti qu'il fallait l'emmener immédiatement à l'hôpital. En route, il est mort.

Nous avons prévenu sa famille de son décès. A notre grand étonnement, ils nous ont dit qu'ils voulaient venir à son enterrement. Sa maman, un de ses frères, une sœur sont venus. Le papa n'avait pu venir, il était pris par son travail. Son frère a beaucoup pleuré pendant la cérémonie. Il ressemblait à Nicolas. Il nous a montré dans son portefeuille une photo de Nicolas. Dans sa peine et sa douleur, sa maman aussi nous a beaucoup touchés. Quel mystère qu'ils n'aient pu se manifester que pour le grand départ de leur fils, de leur frère. Quel poids de douleur, de misère a pu habiter le cœur des parents, durant toutes ces années de séparation et d'abandon...

L'histoire de Nicolas nous appelle à nous mobiliser pour soutenir davantage les parents qui ont un enfant avec un handicap.

Les parents sont souvent très isolés. Certes, depuis une vingtaine d'années, il y a eu beaucoup d'efforts, de soutien et d'aide dans ce domaine. Pourtant l'accueil dans une famille d'un enfant avec un handicap est chaque fois une histoire difficile, douloureuse. Souvent les parents sont laissés à eux-mêmes. Toutes les formes de rejet que nous connaissons trop bien deviennent alors possibles. Sur le handicap mental de l'enfant viennent se greffer parfois des troubles du psychisme, des troubles de la personnalité. Se sentant rejeté par son entourage, l'enfant risque de se réfugier dans son propre monde, créé pour lui seul et où les autres peuvent difficilement pénétrer. C'est alors tout le drame de ce mécanisme de la psychose qui se referme sur l'enfant. Le handicap mental est doublé par un handicap encore plus grave en un sens, le handicap de la communication. C'est la psychose. L'enfant devient encore moins capable de communiquer avec son entourage. Parfois, il ne reste même plus chez lui de possiblilités de communication normale. Il faudra essayer, par des techniques psychologiques, des thérapeutiques très poussées, de déchiffrer, de décoder un peu ce que l'enfant vit.

Cette souffrance d'être rejeté, chez l'enfant ayant un handicap mental, on peut dire qu'on la retrouve pratiquement dans tous les pays du monde sans distinction de race, de peuple, de civilisation. Le nouveau handicap qu'elle entraîne est toujours aussi radical, aussi violent d'une certaine façon. Les manifestations d'amour que ces enfants suscitent se retrouvent également les mêmes partout.

C'est dans cette dynamique de l'amour que veulent s'inscrire les communautés de l'Arche. C'est bien dans ce sens que nous encourage Jean-Paul II :

> « Vos Arches sont et peuvent être davantage encore une sereine et vigoureuse démonstration du respect sacré, de l'éveil patient, de la promotion humaine possible, en faveur d'enfants et d'adolescents et d'adultes limités au départ de leur existence par divers handicaps. Vous contribuez, sans faire de bruit, à la « civilisation de l'amour. » (Jean-Paul II à un groupe de l'Arche, en février 1984[1].)

---

1. Le texte est repris dans le livre : *Les Personnes handicapées, dans l'enseignement des Papes*, Solesmes.

DEUXIÈME PARTIE

LA RENCONTRE AVEC JÉSUS :
« VIENS ET SUIS-MOI »

IV

LA PERSONNE HANDICAPÉE
EST PRÉSENCE DE JÉSUS

Seigneur, bénis-nous de la main de tes pauvres
Seigneur, souris-nous dans le regard de tes pauvres

Comme le pauvre nous donne son visage à contempler, il nous donne aussi son cœur à aimer. C'est souvent quelque chose de très simple et qui va très vite. J'en ai été moi-même surprise. Bien des gens qui ont un premier contact avec des personnes ayant un handicap viennent nous dire leur étonnement : ils se sont sentis bien vite à l'aise alors qu'ils étaient à l'avance remplis d'appréhension et de peur.

Un grand avantage de notre façon de vivre à l'Arche, c'est que beaucoup de visiteurs peuvent connaître très facilement les personnes, en venant simplement partager les repas, partager notre vie dans les foyers, comme on le ferait dans une famille. Le visiteur peut aider un peu à la cuisine et à la vaisselle, il sera tout à fait bienvenu. Ce contact très simple, très facile dans les foyers de l'Arche permet de vite faire tomber les barrières, les peurs, les préjugés. Quand on a partagé un même repas, une même vaisselle, quand on a habité dans la même maison, on devient vite amis, et c'est magnifique de voir le nombre d'amis que nous avons dans nos communautés. Des amis qui sont de vrais amis. On est sûr que s'ils reviennent nous rendre visite par la suite ce n'est pas pour faire des politesses, c'est parce qu'ils ont été en quelque sorte apprivoisés par les personnes ayant un handicap. « Combien d'apprivoisements tu as déjà réussis, toi, Nicolas, et toi, Patrick, et toi, Renée, et toi Rula, Lucia, Amouen, Yveline, Edith ! C'est magnifique. Personne ne sait les merveilles que tu réalises à ton insu dans le cœur de tant d'hommes et de femmes à travers le monde. Si tu le savais toi-même, tu serais bien étonné. » En général, ce ne sont pas les assistants qui convertissent les visiteurs, loin de là. « Ceux qui accrochent le cœur des futurs assistants et des visiteurs, c'est bien toi, Fabio, c'est toi Mireille, c'est bien toi, n'en sois pas étonné, réjouis-toi plutôt avec nous, car tu fais quelque chose de très grand en les apprivoisant, en touchant leur cœur. Tu leur montres le chemin de la vraie vie, le chemin du salut, le chemin de Jésus et de son Père. Je te dis merci, Fabio, Mireille, pour eux et pour chacun de ceux que tu séduis. Un jour peut-être eux-mêmes te diront merci et tu seras bien surpris de retrouver tous ces amis. »

Découvrir le visage du pauvre, c'est découvrir le visage de Jésus. Découvrir le visage du pauvre, c'est toujours, d'une façon ou d'une autre, découvrir un visage de souffrance, un visage de douleur : l'homme de douleur, l'ecce homo. C'est découvrir Jésus abandonné, Jésus couronné d'épines, Jésus flagellé, Jésus qui n'en peut plus, Jésus agonisant.

« Toi qui viens pour partager ta vie avec le pauvre, tu as besoin de découvrir ce mystère. Si tu viens vivre avec lui, tu viens partager ses joies, mais aussi ses souffrances. Si tu entres dans la maison avec lui, tu es aussi invité à cette intimité, à partager ses joies, à partager ses souffrances. N'aie pas peur de venir entendre son secret. Si tu sais bien l'écouter, si ton cœur est prêt, il te conduira au secret du roi, au secret de Jésus, l'Agneau immolé. Si tu es attiré par le pauvre, ne résiste pas, c'est déjà un appel de Jésus pour toi. le pauvre vient ouvrir la porte de ton cœur pour que tu puisses l'ouvrir ensuite à Jésus. »

Un grand nombre d'assistants, en vivant avec la personne qui a un handicap, découvrent ou redécouvrent Jésus, découvrent ou redécouvrent la foi. Oui, le pauvre est lumière pour le monde. Les hommes ont préféré les ténèbres à la lumière, mais ceux qui ont reconnu la lumière sont enfants de Dieu (cf. S. Jean ch. 1). En partageant nos vies avec le pauvre, c'est de cela que nous voulons témoigner. Notre témoignage n'est pas un témoignage politique, humain, c'est un témoignage évangélique. Comme tout témoignage évangélique, il n'est pas justifié par des mots, par des théories, c'est un don, qui peut seulement être reçu.

La personne ayant un handicap est présence de Jésus. Par sa petitesse, sa faiblesse, ses souffrances, elle est unie à Jésus. Parce qu'elle est démunie, elle rejoint directement Jésus dans le mystère de sa passion et de sa croix, elle rejoint le mystère de petitesse de l'enfant Jésus. Sans peut-être avoir conscience de ce mystère qui l'habite de façon particulière à cause de sa pauvreté, elle est témoin de l'amour de Jésus pour nous. C'est la rencontre avec elle, dans l'Esprit-Saint, qui nous fait proclamer, dans un acte de foi, que Jésus habite en elle d'une façon privilégiée.

C'est pourquoi l'appel à vivre à l'Arche, à vivre cette alliance avec le pauvre, est un appel direct à une vie contemplative, c'est-à-dire un appel à rencontrer Jésus présent dans le petit, dans le pauvre. C'est bien ce que nous demandons chaque jour dans la prière de l'Arche : « Seigneur, bénis-nous de la main de tes pauvres ; Seigneur, souris-nous dans le regard de tes pauvres... »

Ferment d'unité

La personne ayant un handicap entre en relation avec nous d'une manière qui touche très profondément. Sa pauvreté, ses difficultés, son handicap font qu'elle est d'emblée dans une situation particulière par rapport à nous : en situation de dépendance.

Je me trouvais, il y a quelques jours, à côté d'une famille dans un restaurant. Il y avait le père, la mère, trois sœurs, un beau-frère, qui étaient tous venus ensemble. La deuxième des filles, âgée de vingt-cinq ou trente ans, avait un handicap ; elle avait une psychose.

Cette famille m'a beaucoup touchée par la délicatesse et l'amour que chacun montrait pour sa fille, sa sœur ayant un handicap. Je voyais bien qu'elle était le centre de la famille, qu'elle donnait à cette famille sa cohésion. A partir d'elle, je sentais circuler entre eux tout un courant d'affection, d'attentions, de soutien, qui ne se retrouve pas ainsi dans beaucoup d'autres familles. C'est sans aucun doute cette jeune femme qui suscitait en ses parents, en ses frères et sœurs, ces mille délicatesses et attentions. Elle créait une unité dans cette famille.

La personne ayant un handicap, quand elle est accueillie et aimée dans tout son être, a vraiment un don particulier pour faire l'unité autour d'elle et pour rayonner l'amour et la tendresse. Bien plus, quand nous nous laissons toucher par elle, elle nous amène à désirer vivre une vie vraiment évangélique. Si nous voulons bien l'écouter et la suivre, elle nous amène sur la voie des béatitudes. Le cri de la personne ayant un handicap qui est rejetée conduit au désespoir. Mais le cri de la personne accueillie conduit à l'espérance, il devient source d'amour pour notre monde. Ce cri devient Bonne Nouvelle.

Le petit, le pauvre, est présence de Jésus pour nous.

Il est témoin, messager de Jésus. L'Esprit Saint peut seul nous expliquer ce mystère, nous y faire pénétrer. Il faut Lui demander de nous faire comprendre cette parole de Jésus : « Ce que vous aurez fait aux plus petits d'entre les miens, c'est à Moi que vous l'aurez fait » (Mt 25, 40). C'est une parole clé pour définir et donner sens à notre vie à l'Arche.

☐ **Témoignage**

Mon expérience à l'Arche.

J'ai entendu Jean Vanier pour la première fois quand j'étais étudiant à Dublin dans les années 70, et par la suite ses livres m'ont beaucoup intéressé. J'étais très frappé par la simplicité et l'amour de Jean, et j'ai également été fortement interpellé par son message : ouvrir nos cœurs et partager notre vie avec le pauvre et le marginal de la société.

Je suis venu passer un an à l'Arche de Trosly vers trente ans, dix ans après avoir entendu parler Jean. C'était à un moment de crise inattendue et je me demandais quelle voie je devais suivre. J'étais attiré par l'Arche en tant que communauté de prière et de service centrée sur le pauvre : j'espérais que là j'arriverais à connaître la volonté de Dieu pour moi.

La première chose que j'ai découverte à Trosly, c'est que l'idéal de l'Arche est très exigeant : l'Arche demande à ses assistants un véritable don de soi et un engagement authentique et profond avec les personnes avec lesquelles ils vivent. Les assistants qui s'engagent à long terme vivent évidemment l'idéal de l'Arche de façon beaucoup plus profonde que les gens comme moi qui ne viennent que pour un temps limité ; mais tous les assistants sont mis au défi de donner leur maximum. Tôt ou tard, la plupart des assistants qui veulent vivre l'idéal de l'Arche font l'expérience de la nécessité d'une forte vie spirituelle donnée à Dieu. L'Arche à Trosly est vraiment privilégiée, au niveau spirituel, par la possibilité de la messe quotidienne et de l'adoration fréquente, le ministère de deux prêtres exceptionnels, l'accueil de la maison de retraite la Ferme et la présence, tout près, d'une petite communauté de religieuses. J'ai été particulièrement touché pendant mon année à l'Arche par l'accent mis sur l'adoration. J'ai commencé à mieux comprendre l'importance de l'adoration de Jésus dans le Saint-Sacrement pour tous ceux qui veulent vivre l'idéal de l'Arche, ou, de façon plus générale, vivre une vie chrétienne engagée ou communiquer l'amour du Christ aux autres.

Avant de venir à Trosly, je croyais très profondément, mais peut-être de façon un peu théorique, en la valeur unique et la dignité de chaque personne. En vivant dans un foyer de l'Arche, j'ai fait l'expérience de cette valeur unique, de ce sens du mystère et de la dignité de chaque personne, dans les circonstances concrètes de la vie quotidienne. Dire cela, ce n'est pas idéaliser qui que ce soit, ni ignorer les difficultés des hauts et des bas de la vie dans un foyer de l'Arche. Mais pendant les moments difficiles ou fatigants, comme pendant les moments de joie ou de détente, j'ai gardé un sens très fort du mystère de la personne. Ce mystère de la personne était profondément lié au mystère de la souffrance, mais pouvait aussi s'exprimer dans des humeurs pensives ou réfléchies, ou dans de merveilleux sourires ou dans de beaux gestes d'amour, tout à fait inattendus.

La vie quotidienne dans un foyer de l'Arche a été un véritable apprentissage des limites de ma patience et de ma générosité !

Jean Vanier a écrit quelque part que nous croyons parfois que nous sommes des saints jusqu'à ce que nous commencions à vivre en communauté ! En communauté, nous découvrons rapidement nos limites et nos multiples attachements à nous-même, choses que nous, assistants, arrivons mieux à cacher que les personnes handicapées. Néanmoins, une des choses que j'ai vraiment aimées à l'Arche, c'est la confiance faite aux assistants en dépit de toutes nos limites. La communauté fait confiance à ses membres et les pousse à accepter des responsabilités. On sent également très fort que les personnes handicapées aussi font confiance et aident ainsi les assistants à devenir plus responsables. Je trouve que c'est un grand don de la communauté de l'Arche.

Je crois que c'est une part importante de la vocation de l'Arche d'être un centre d'unité dans l'Église, dans le mouvement œcuménique et la société en général. Le témoignage de l'Arche, il me semble, est que le pauvre nous aide à être plus unis et à comprendre ce qui est réellement essentiel.

Avant de venir à l'Arche, j'étais vivement conscient des douloureuses divisions à l'intérieur de l'Église catholique elle-même. Il y a, d'un côté, ceux qui mettent l'accent sur les questions familiales, sur les droits de la famille, et la nécessité de lois justes pour protéger ces droits : ce sont ceux qui croient, comme moi, que l'enseignement de l'Église sur la sexualité, le mariage et la famille est un don précieux pour toute l'humanité. Et de l'autre côté, il y a ceux qui mettent l'accent sur les questions de justice et de paix, les besoins des sans-travail et des sans-abri, les droits des pauvres et des marginaux de la société et des peuples en lutte dans le tiers monde. En principe, il n'y a pas de contradiction entre ces différentes causes ou personnes à défendre ; beaucoup de chrétiens ordinaires sont vraiment concernés à la fois par les questions touchant la famille et celles du tiers monde. En pratique, cependant, les mouvements pour la famille et les mouvements pour la justice et la paix semblent, dans l'Église, en opposition.

Je vois l'Arche comme source d'unité parce qu'elle est témoin que chaque personne, y compris la personne handicapée, est infiniment précieuse. Ce témoignage a une importance vitale dans un monde où l'avortement et l'infanticide sont si répandus, et où beaucoup pensent que la vie d'une personne handicapée ne vaut pas la peine d'être vécue.

L'Arche aussi nous met au défi de réexaminer notre attitude et notre attachement vis-à-vis de nos styles de vie confortables et de nos intérêts propres. Les livres de Jean Vanier m'ont toujours mis au défi de voir si mon attirance pour les séductions de la société de consommation, l'emporte, en fait, sur les besoins et les droits des autres. Le message de l'Arche, il me semble, est le même que le message de l'Évangile : les chrétiens sont appelés à partager, à la fois leurs biens et leur vie avec les autres, et surtout les pauvres.

Tim

ACCUEIL DU PAUVRE :
ACCUEIL DE JÉSUS ET DU PÈRE

« Celui qui accueille un de ces petits en mon Nom m'accueille, et celui qui m'accueille, accueille Celui qui m'a envoyé. »

Cette phrase est notre soutien continuel, elle est notre règle de vie. Elle signifie l'essentiel, le cœur de ce que nous sommes appelés à vivre à l'Arche : l'accueil du petit et du pauvre, chez nous, dans nos maisons et surtout dans notre cœur. Cette phrase signifie le lien d'alliance que Jésus met entre notre cœur et le cœur du pauvre ; elle affirme que par ce lien nous sommes directement introduits dans le Cœur de Jésus et dans le Cœur du Père. Le don extraordinaire que nous fait le pauvre, le petit, quand nous l'accueillons au nom de Jésus, c'est qu'il nous introduit directement dans le mouvement trinitaire, dans la vie des trois Personnes divines, dans le Sein du Père. Nous ne pourrons jamais assez rendre grâce pour ce don extraordinaire, le plus grand don qui puisse nous être fait, le seul don qui donne sens à notre vie sur cette terre : celui d'être introduit dans la vie de Dieu, celui qui nous prépare à entrer dans le Royaume. J'aime penser à une phrase du Père Peyriguère, qui fut un disciple de Charles de Foucauld et qui vivait comme ermite au Maroc tout en soignant les malades. Avec aisance, il passait de la chapelle à ses frères et sœurs les pauvres et les malades sans avoir l'impression d'une rupture. Il disait alors :

« La contemplation, c'est d'avoir l'expérience de la Présence. Ici, en soignant les enfants, je Le vois, je Le touche, j'ai l'impression physique de toucher le Corps du Christ. C'est une grâce extraordinaire. Il faut avoir éprouvé cela. »

Il n'est pas besoin de vivre longtemps dans les communautés de l'Arche pour découvrir que c'est cela notre secret, le mystère que Jésus nous a annoncé.

Souvent nous ne savons pas ou bien nous oublions le mystère, ce secret divin qui est au cœur de notre vie à l'Arche, qui est l'essentiel de notre vie avec Stéphane, Karine, Yveline, Lucien et chacun. Cet appel de Jésus à partager nos vies avec eux, à accueillir ceux qu'Il nous confie « comme l'os de mes os, comme la chair de ma chair », est de fait un appel à entrer dans une vie d'intimité avec le Père, le Fils et l'Esprit Saint, un appel à cette vie contemplative qui est la vocation de tout chrétien. C'est peut-être, dans un sens, la raison pour laquelle nous avons tellement peur d'accueillir le pauvre, le petit : ce qui me dérange en lui, ce qui me fait peur, ce n'est peut-être pas tellement qu'il soit défiguré, handicapé, mendiant, souffrant ; ce qui me fait peur, ce qui me dérange, c'est le message qu'il me transmet, l'appel qu'il me lance. J'ai peur de cet appel. J'ai peur de ne pas y répondre. Et si j'y réponds, j'ai peur de tout ce qu'il va provoquer, déranger en moi.

Jésus nous dit : « Je ne suis pas venu apporter la paix sur la terre, mais le glaive » (Mt 10, 34). Le pauvre qui vit de Jésus, qui porte Jésus en lui, nous apporte le glaive. Il nous apporte la lumière et la vérité, mais souvent nous préférons les ténèbres à la lumière.

Le pauvre, le petit sont pour nous sur cette terre des messagers privilégiés de Jésus, ils sont ambassadeurs, médiateurs de Jésus pour nous. Ils n'ont pas besoin d'annoncer par la parole la Bonne Nouvelle, ils la portent dans leur propre chair.

Le pauvre est messager de la Bonne Nouvelle pour nous et, quelque part en nous, nous ne voulons pas découvrir la vérité. « L'homme a préféré les ténèbres à la lumière » ; « ce qui est né de la chair est chair et ce qui est né de l'Esprit est esprit ». Nous avons peur d'aller à la lumière, peur que l'on découvre que nos œuvres sont mauvaises. Jésus nous dit : « Quiconque fait le mal hait la lumière et refuse de venir à la lumière, de crainte que ses œuvres ne soient démasquées » (Jn 3, 20). En chacun de nous se trouve le mal et nous avons peur qu'il soit démasqué. Pourquoi aurais-je peur de rencontrer Philippe, Karim, Lita, si je ne pressentais pas, si je ne sentais pas qu'en lui, en elle, il y a la lumière. En lui, en elle, il y a Jésus qui me dit : « Viens et suis-moi : Viens et suis-moi à l'Arche, dans une vie partagée avec les pauvres, viens et suis-moi dans telle communauté, au service des pauvres, comme les petites sœurs ou les petits frères de Jésus ou les Missionnaires de la Charité, ou encore dans un ordre contemplatif, où l'on me suit, moi Seul ».

N'est-ce pas cela, quelque part, qui nous fait peur quand nous rencontrons le pauvre ? Quand je vous ai rencontrés, Philippe, Raphaël, en 68, j'étais si heureuse de cette rencontre ! Je sais pourquoi aujourd'hui : c'est parce que j'attendais et que je suppliais Jésus de me dire le chemin qu'Il voulait pour moi et parce que Jésus en vous m'a dit : « Viens et suis-moi. » Cette rencontre ne pouvait être que joie puisque Jésus se servait de vous pour me dire mon chemin, mon appel, pour me dire avec qui et dans quelle communauté Il m'attendait.

Cette première vraie rencontre avec des personnes ayant un handicap aurait pu me mettre en difficulté, m'effrayer. Il n'en a rien été. Ce fut comme une révélation de l'appel de Jésus pour moi. Depuis longtemps j'avais rencontré Jésus dans le secret de mon cœur, dans l'Eucharistie et les autres sacrements. J'avais senti, pressenti la présence de Jésus dans certaines personnes très aimées de Dieu, mais pour moi, c'est vraiment dans le visage du pauvre, dans son regard que Jésus m'a dit : « Viens et suis-moi. »

J'attendais si fort un appel précis : que Jésus me dise où il voulait que je lui donne ma vie ! Cet appel, venu de façon si radicale par le pauvre, illumine encore, au-delà et à travers toutes les difficultés, chacune de nos rencontres, les plus difficiles comme les plus belles. Souvent d'ailleurs c'est aux moments de grande tension, de crise, de difficulté avec l'un ou l'autre des membres de mon foyer ou de ma communauté, que le pauvre m'a été révélé davantage comme présence, messager de Jésus pour moi. Messager de la Bonne Nouvelle.

Le grand mystère du pauvre, c'est que nous ne pouvons l'accueillir en vérité sans être appelés en même temps par Jésus et par le Père.

Le pauvre, bien sûr, ce n'est pas seulement la personne ayant un handicap, c'est tout homme, toute femme qui se trouve dans un état de dépendance, qui vit la souffrance d'une façon ou d'une autre dans sa propre chair, son propre cœur, son esprit. Or celui qui accueille ce pauvre en vérité est déjà en présence de Jésus et du Père, même s'il ne le sait pas, même s'il n'est pas croyant. Quelque part en lui, il a déjà pénétré dans le mystère, dans l'amour de Dieu. Il est bien dit dans l'Évangile que nous aurons des surprises au ciel : « Beaucoup de premiers seront derniers et beaucoup de derniers seront premiers » (Mt 19, 30).

Ne te dérobe pas devant celui qui est ta propre chair

L'accueil du pauvre brise notre cœur, il transforme notre cœur de pierre en un cœur de chair.

Jésus n'est pas tendre avec les pharisiens qui disent mais ne font pas : « Bande d'hypocrites, vous êtes comme des sépulcres blanchis. » C'est pourquoi il est si important d'entendre cette parole : « Ne te dérobe pas devant ce qui est ta propre chair » (Is 58, 7). Si nous ne prenons pas le chemin de l'amour qui passe par le cœur du pauvre, nous n'aurons pas accès au Royaume. Jésus nous dit : « Je suis le chemin, la vérité et la vie » (Jn 14, 6), mais il nous dit en même temps que ce chemin passe par l'accueil du pauvre dans notre vie :

« Venez les bénis de mon Père, recevez en héritage le Royaume qui vous a été préparé depuis la fondation du monde. Car j'ai eu faim et vous m'avez donné à manger, j'ai eu soif et vous m'avez donné à boire, j'étais un étranger et vous m'avez accueilli, nu et vous m'avez vêtu, malade et vous m'avez visité, prisonnier et vous êtes venus me voir. » Alors les justes lui répondront : « Seigneur, quand nous est-il arrivé de te voir affamé et de te nourrir, assoiffé et de te désaltérer, étranger et de t'accueillir, nu et de te vêtir, malade ou prisonnier et de venir te voir ? — En vérité je vous le dis, dans la mesure où vous l'avez fait à l'un des plus petits de mes frères, c'est à moi que vous l'avez fait » (Mt 25, 34-40).

VI

L'ESPRIT SAINT HABITE EN EUX

Heureux les pauvres en esprit, le royaume des cieux est à eux

Certaines personnes avec un lourd handicap ne sont pas capables à proprement parler d'actes moraux et rationnels, mais elles vivent par et dans le cœur un lien avec Dieu, un lien d'amour, de foi et d'espérance. Pour le petit, pour la personne ayant un handicap, ce qui compte c'est l'amour, la présence.

Quand on leur annonce l'Évangile, elles accueillent directement le Message de Jésus, la Bonne Nouvelle : « Heureux les pauvres en esprit, le Royaume des Cieux est à eux. »

Nous expérimentons chaque jour à l'Arche que ceux qui ont une profonde déficience intellectuelle ont ausi une capacité particulière pour « capter » le message de Jésus. Encore faut-il, bien sûr, qu'il leur soit annoncé. Le labour, le sillon, la spéciale bonne terre creusée en eux par la souffrance, les met dans un état de disponibilité particulière pour recevoir l'Esprit Saint, le don de Jésus : « Lorsque je vous aurai quittés, je vous enverrai le Paraclet, l'Esprit Saint. Lui vous enseignera tout et il vous guidera vers la vérité tout entière. »

L'Esprit Saint habite en eux de manière spéciale, c'est ce qui nous frappe souvent dans nos relations avec eux.

Un assistant posait un jour une question à un homme de mon foyer ayant un handicap, qui est à l'Arche depuis le début de la communauté et qui a maintenant quarante-cinq ans : « Tu es à l'Arche depuis si longtemps, vingt-trois ans maintenant, et tu as l'air si jeune ! Comment cela se fait-il ? » Et Maxime de répondre tout simplement : « C'est Jésus. »

Ou encore, un prêtre de l'Arche parlait à un groupe d'étudiants sur le mystère de la résurrection des corps. Un homme ayant un handicap, Paul, était présent à cette conférence. Les étudiants n'adhéraient pas à ce que disait le prêtre. Alors il demande à Paul : « Et toi, qu'en penses-tu ?» Et lui qui, dans la vie, ne s'en laisse pas conter, de répondre immédiatement : « Mais puisque tu le dis, c'est que c'est vrai ! »

Nous pourrions encore raconter beaucoup de merveilles que nous disent les pauvres. S'ils nous font découvrir de façon souvent si simple Jésus, le Père, Marie, l'Église, c'est parce que l'Esprit Saint habite en eux.

Voilà peut-être le mystère le plus grand qui habite les communautés de l'Arche, notre grand cadeau : le Don de Jésus à ses pauvres, l'Esprit Saint, le Paraclet qui habite en eux. Par ses pauvres, l'Esprit-Saint nous est donné d'une manière particulière, unique, parce que nous venons habiter avec eux, faire notre demeure avec eux, créer ensemble une famille, un corps, une communauté, une petite cellule d'Église. Nous nous accueillons mutuellement et, dans cet accueil, ce don extraordinaire nous est fait d'accueillir Jésus, d'accueillir le Père. Aussi, par l'intimité de la vie toute simple que nous voulons vivre avec le pauvre dans nos foyers de l'Arche, nous sommes introduits directement dans l'intimité trinitaire, dans l'intimité qui existe entre le Père et le Fils par l'Esprit Saint. Et nous rendons grâce chaque jour pour ce Don.

L'Esprit souffle où Il veut

Jésus se sert des personnes ayant un handicap pour nous manifester Sa volonté. Il nous a déjà attirés pour venir vivre avec elles, par l'attrait de l'Esprit Saint : « L'Esprit souffle où il veut, nul ne sait ni d'où il vient ni où il va. » Sans cette puissance de l'Esprit qui habite en ses pauvres, il n'y a aucune raison qui m'aurait fait venir à l'Arche. Et ceci est valable pour la majorité d'entre nous.

Pourquoi l'Esprit Saint habite-t-il en eux ? Bien sûr c'est d'abord à cause de leur pauvreté et de leurs souffrances. Dans le *Veni Creator*, l'hymne qui chante l'Esprit Saint, il est appelé le Père des pauvres, le consolateur des affligés. Si notre Dieu permet la souffrance, c'est dans un sens pour manifester avec plus d'éclat son amour. Tel est le grand mystère de la croix de Jésus : « Il nous a tant aimés qu'il a livré son Fils en victime pour nos péchés. » « Heureuse faute, commente saint Augustin, qui nous a valu un tel rédempteur ! »

L'Esprit Saint habite de façon particulière le cœur des petits, des pauvres, de tous les enfants souffrants. Notre foi dans un Dieu Père de tendresse et de miséricorde nous fait proclamer avec Jésus : « Je te bénis, Père, Seigneur du ciel et de la terre, d'avoir caché cela aux sages et aux intelligents, et de l'avoir révélé aux tout-petits. Oui, Père, car tel a été ton bon plaisir » (Lc 10, 21).

Dans le cœur de ces petits qui n'auront jamais d'autre sagesse que la sienne, l'Esprit Saint peut se jouer des barrières de race, de culture, de langue et même de religion. Il habite si manifestement en Rula, cette jeune fille musulmane qui a une psychose et qui est dans notre petite communauté de l'Arche à Béthanie, près de Jérusalem.

Leur accueil, par lequel l'Esprit Saint se manifeste immédiatement à nos cœurs, nous fait comprendre que ce ne sont pas les sciences, les techniques humaines qui nous permettent de nous rencontrer vraiment, c'est l'Esprit de Dieu, qui habite en chaque homme et en chaque femme de bonne volonté.

Nicolas

Parfois c'est à la mort d'un de nos frères que ce mystère nous est révélé de façon plus forte. Pour beaucoup d'entre nous, dans la communauté de l'Arche à Trosly, la mort de Nicolas a été un message de lumière, un passage de Dieu dans nos vies, dans notre communauté. Nicolas était ce petit homme très handicapé dont j'ai déjà parlé. Lors de ma première visite dans le pavillon d'hôpital psychiatrique où j'ai fait un stage et où vivait Nicolas, j'ai été tout de suite assaillie par ce jeune garçon qui se déplaçait sur son derrière. Il s'est agrippé à moi pour que je le prenne dans mes bras et il s'est serré contre moi d'une façon presque violente, qui révélait la force de son angoisse et de sa détresse intérieure.

Nicolas était presque aveugle ; il ne voyait que les jeux de lumière. Il était sans cesse à la recherche de la lumière, comme une plante qui se tourne vers le soleil pour vivre. Cet élan de Nicolas vers moi qu'il ne connaissait pas m'a bouleversée. Quelle détresse intérieure devait-il vivre pour avoir besoin de se précipiter de cette façon sur chaque personne qu'il percevait sur son passage. Durant mes trois mois et demi de stage dans ce pavillon, cette détresse de Nicolas n'a pas cessé de me hanter. Lorsque nous avons pu réaliser à l'Arche le projet d'un foyer pour des personnes avec de très lourds handicaps, Nicolas a été parmi les premiers accueillis.

Il avait alors seize ans. Quel mystère, ce petit bonhomme si pauvre, si menu, si démuni, si dépendant ! Quel étonnement de sentir qu'il y avait encore en lui, après ces quinze années de vie en hôpital, une telle puissance de vie ! Une fois arrivé chez nous, Nicolas a voulu apprendre à marcher. Il a commencé à se déplacer sur la pointe des pieds, soutenu par les épaules. A cause de malformations, il ne pouvait poser son pied à plat. Il a commencé aussi à apprendre à manger seul. On avait l'impression que toute la force de vie qui était en lui était mobilisée pour acquérir une petite autonomie, une petite indépendance.

« Oui, Nicolas, tu voulais découvrir la vie, les choses, l'espace, et découvrir cela par toi-même. Nous avons vécu avec toi des moments de joie où nous sentions que tu te détendais, que ton petit corps, qui était contracté comme du bois quand tu es arrivé, commençait à se décrisper. Tu pouvais rester dans nos bras, avec un sourire sur les lèvres, tu n'étais plus toujours tendu pour te serrer contre nous, pour t'agripper. On pouvait dire parfois que tu nous semblais un petit homme heureux, heureux de vivre, heureux d'être aimé. Nous avons aussi eu la joie de te préparer à ton baptême, car très vite nous avons vu, senti que les temps de prière chaque soir au foyer, les temps où on te conduisait à la messe, étaient souvent des temps de paix pour toi. Ton Dieu, le Maître de ta vie, venait te rejoindre de façon privilégiée. Jésus venait parler à ton cœur dans le secret : " Nicolas tu es mon fils bien-aimé, en qui j'ai mis tout mon amour. "

« Ton baptême, nous l'avons vécu avec joie et émotion car nous savions la responsabilité que cela représentait pour nous de te présenter à l'Église. Cela nous engageait avec toi, nous devenions encore un peu plus ta famille. Et puis, nous te sentions parfois vibrer si fort à cette vie de Jésus en toi que nous t'avons préparé à recevoir le Corps et le Sang de Jésus. Tu as reçu Jésus dans ce mystère de foi, Il est venu t'habiter d'une nouvelle façon ; Il t'a donné son amour et sa force. »

Plongés dans le mystère de la Mort et de la Résurrection de Jésus

« Après ces quelques années d'explosion de vie, tu as rejoint Jésus dans ce mystère d'agonie, de détresse où Il a dit : « Mon Dieu, mon Dieu, pourquoi m'as-tu abandonné ? » Tu ne parlais pas, Nicolas, mais nous savions que ces paroles étaient tiennes. Petit à petit, c'était comme si les forces de vie que tu avais en toi disparaissaient pour faire place de plus en plus aux forces de " ténèbres ", et nous ne pouvions plus te rejoindre. Tu refusais la nourriture, tu ne pouvais plus dormir malgré les médicaments que l'on te donnait. La nuit, tu hantais les couloirs, les pièces de ton foyer, tu avais besoin de te déplacer avec ton pauvre petit corps qui ne pouvait plus te porter et tu tombais, comme Jésus tombait sous le poids de la croix. Pendant la journée, tu était triste. Quand tu t'agrippais à nous, tu n'étais pas détendu comme tu l'avais été, tu semblais toujours agité, à la recherche de quelque chose ou plutôt essayant de calmer un mal insondable en toi. Les assistants qui vivaient plus proches de toi durant tous ces mois ne savaient comment te rejoindre, tu nous distançais, Nicolas, tu te préparais à la Rencontre avec Jésus, ton Sauveur.

« Alors que nous n'en pouvions plus de ne savoir comment te rejoindre, soudain tu nous as quittés : un dimanche après le repas, tu n'allais pas bien du tout, tu as eu des convulsions : en urgence, nous t'avons conduit à l'hôpital et tu es mort en route, dans nos bras. Je t'ai retrouvé très vite à l'hôpital, ton visage était déjà détendu, ton sourire nous disait que tu avais rencontré Jésus, ton Sauveur. Alors, à chacun de ceux qui sont venus prier près de toi, tu as donné cette paix qui vient d'en haut. Cette Paix que nul ne pourra nous ravir. Nous étions, nous

sommes émerveillés de vivre ce mystère de ton passage : c'est toi
maintenant, petit frère, qui nous prends par la main et nous dit :
" N'aie pas peur, Jésus est avec toi, je suis là aussi ". Oui, tu es
maintenant notre grand frère, Nicolas, et nous comptons sur toi, tu
nous accompagnes dans notre vie à l'Arche ".

Oui, c'est bien dans le grand mystère de la mort et de la résurrection
de Jésus que nous sommes plongés par cette vie avec nos frères et
sœurs à l'Arche.

VII

JÉSUS SE SERT D'EUX
POUR NOUS APPELER A LUI

Le don d'accueil des pauvres

Partager nos vies avec les personnes qui ont un handicap mental nous entraîne à vivre le commandement de Jésus : « Il n'y a pas de plus grande preuve d'amour que de donner sa vie pour ceux qu'on aime » (Jn 15, 13) ou encore : « Aimez-vous les uns les autres comme je vous ai aimés... » (Jn 13, 34). C'est bien ce commandement suprême que Jésus nous appelle à vivre à l'Arche : « donner sa vie pour ceux qu'on aime ». Donner sa vie, c'est donner son cœur, son intelligence, ses mains, son temps, c'est donner tout ce qu'on est, tout ce qu'on a. A partir du moment où nous voulons vivre dans une communauté de l'Arche, nous venons donner notre vie pour répondre à l'appel de Jésus. Les personnes ayant un handicap nous prennent très vite ce que nous avons d'essentiel, notre amour. Elles ont un don extraordinaire pour cela. Nous ne pouvons pas rester longtemps sur le pas de la porte à nous demander si nous allons entrer. Une personne handicapée nous aperçoit et vient nous prendre par la main et nous faire entrer : « Bonjour, comme tu t'appelles ? » Elle nous embrasse avec beaucoup d'affection et peut très bien nous dire d'emblée : « Tu es mon ami. Viens chez nous. » Nous connaissons tous cet accueil extraordinaire des personnes ayant un handicap.

Un mot, un geste, souvent maladroits, un signe inattendu que l'on comprend mal, un sourire dans un visage défiguré, et voilà que nous sommes touché. C'est ainsi qu'une personne nous atteint au cœur et que notre cœur s'ouvre à elle.

Quelque chose de très particulier se passe quand nous sommes accueillis par les personnes ayant un handicap, quelque chose que souvent nous n'avons jamais vécu avant de venir à l'Arche. Une personne que nous ne connaissions pas nous accueille immédiatement tel que nous sommes, avec un véritable amour ; et cette personne est quelqu'un de faible, de démuni, de handicapé. Quelle rencontre bouleversante !

La personne ayant un handicap a souvent en elle une puissance d'amour extraordinaire, qui touche directement en nous des capacités d'amour peut-être jamais touchées. C'est pourquoi, en la rencontrant, on peut vraiment entendre cet appel de Jésus : « Viens et suis-moi. » Il y a quelque chose de radical, dans cette rencontre avec le pauvre. Souvent nous ne sommes pas conscient de ce qui se passe, mais l'important c'est que cela se passe. L'important c'est le travail extraordinaire des personnes ayant un handicap sur les visiteurs, sur les amis, sur les assistants, sur leur famille, sur tous ceux qui viennent à l'Arche. C'est quelque chose de très spécial, auquel on ne peut s'habituer, devant lequel on s'émerveille toujours. Ce don d'apprivoisement que possèdent les personnes ayant un handicap est un don de Jésus pour le monde : « Ce qu'il y a de fou dans le monde, voilà ce que Dieu a choisi pour confondre les sages... » (I Co 1, 27). On pourrait faire des films étonnants si l'on osait montrer ces visages où se découvrent et se révèlent l'amour de Jésus, l'amour du Père. Ce don est là, il faut y croire.

C'est bien à la rencontre trinitaire que Jésus nous convie à travers la rencontre du pauvre : « Que ceux qui peuvent comprendre comprennent. » On ne peut imposer cette évidence d'amour. C'est comme pour les disciples quand ils allaient annoncer la Bonne Nouvelle. Jésus leur disait : « Si dans un endroit on ne vous accueille pas, sortez de là... » (Mc 6, 11) ; ou encore : « Ne jetez pas vos perles aux pourceaux » (Mt 7, 6). C'est une grâce qu'il faut demander, de pouvoir pénétrer dans ce grand mystère de la personne ayant un handicap. Et d'entendre, à travers elle, l'appel de Jésus : « Viens et suis-moi. »

Sur ma route, Marthe Robin

Élevée dans une famille catholique, j'y ai beaucoup reçu : enracinement dans l'Église pour y recevoir en particulier les sacrements, une éducation chrétienne. Adolescente, ayant entendu parler de Marthe Robin par des amis, j'ai été spirituellement attirée par elle [1]. Rendant

---

1. Marthe Robin a vécu de 1902 à 1981, dans un village du sud de la France, Châteauneuf-de-Galaure. Adolescente, Marthe est tombée gravement malade. A la suite de cette maladie, elle est devenue handicapée physique. Elle avait perdu l'usage de ses jambes, puis de ses bras. Marthe a aussi perdu la vue. Elle a reçu les stigmates de Jésus, comme saint François d'Assise, en 1930, et elle a revécu de façon très particulière la Passion de Jésus, de 1929 jusqu'à sa mort, en février 1981. Avec le Père Finet, Marthe a fondé les Foyers de Charité. Ce sont des lieux d'accueil et d'évangélisation, surtout par le moyen de retraites fondamentales et d'approfondissement. Les membres des Foyers de Charité sont des laïcs qui vivent en communauté autour d'un prêtre, le Père du Foyer. Les Foyers sont répandus aujourd'hui dans le monde entier. Livres sur Marthe Robin : *La Croix et la joie*, de Raymond Peyret, ainsi que, du même auteur : *Prends ma vie, Seigneur, la longue Messe de Marthe Robin*, aux Éditions Peuple libre, Desclée de Brouwer ; *Marthe Robin*, de Françoise Barbier et Thérèse Février aux Editions Peuple libre.

visite à une amie qui se trouvait pensionnaire à l'école du Foyer de Charité de Châteauneuf-de-Galaure, j'ai compris intérieurement qu'il serait bon pour moi de venir vivre un peu dans cette école et d'être proche de Marthe. C'est ainsi qu'au cours d'une retraite que j'ai pu faire au Foyer de Charité, nous avons décidé avec le Père Finet que je viendrais faire ma classe de philosophie à l'école du Foyer. A partir de cette année 1962, Marthe tient une place très importante dans ma vie. Dès lors, jusqu'à la mort de Marthe en 1981, j'ai pu faire tous les ans au moins une retraite au Foyer et jusqu'à ce que je vienne à l'Arche en 1969, j'ai souvent aidé dans les services des retraites durant l'été. Ces semaines étaient toujours des moments privilégiés pour me replonger dans l'atmosphère de prière du Foyer et pour rendre visite à Marthe. Les visites que je faisais chez elle chaque année étaient toujours des moments essentiels, des moments qui éclairaient et soutenaient tout ce que j'avais à vivre. Marthe est comme une grande lumière dans ma vie. Les moments les plus importants vécus avec elle sont sûrement ceux qui ont été vécus dans le silence de sa petite chambre. Silence dans lequel je me sentais totalement accueillie avec tout ce que j'étais.

Silence de son écoute, dans laquelle je pressentais l'intensité du mystère qui l'habitait. Marthe recevait la communion en général une fois par semaine. A beaucoup de retraites que j'ai suivies, j'étais invitée à assister avec les membres du Foyer et quelques amis à sa communion. Cela a toujours été pour moi un moment de grande grâce. Nous nous serrions autour de son lit, dans sa petite chambre, pour nous unir par la prière à sa préparation à recevoir le Corps de Jésus qui fut son unique nourriture durant de si nombreuses années. Quand Marthe avait reçu l'Eucharistie, elle entrait tout de suite en extase avant de participer aux souffrances du Christ ; à notre petite mesure nous nous unissions, dans le silence, à son action de grâce après avoir récité le Magnificat.

Comme « sa petite », ainsi qu'elle aimait dire, Marthe m'a introduite de façon privilégiée dans le mystère de Jésus crucifié et glorifié. « Dans la mesure où vous participez aux souffrances du Christ, réjouissez-vous, afin que, lors de la révélation de sa gloire, vous soyez vous aussi dans la joie et l'allégresse » (I P 4, 13).

Le mystère de la souffrance dans le monde et chez·les personnes plus souffrantes que je pouvais rencontrer m'avait toujours bouleversée. « Pourquoi la souffrance ? Comment être proche de ceux qui souffrent ? » Marthe m'a fait comprendre par l'exemple de sa vie que « la souffrance est l'école du véritable amour » et que « avec Jésus, prendre Sa Croix et Le suivre en la portant, ce n'est pas mettre des boulets à ses pieds, mais des ailes à son cœur, de la joie, du bonheur, du ciel dans sa vie[1]. »

---

1. Françoise Barbier, *Marthe Robin*, p. 17.

Bien sûr, il faut combattre la souffrance et le mal dans le monde autant que l'on peut. Accueillir le pauvre en lui redonnant sa dignité est une façon de combattre la souffrance. Mais il faut savoir que malgré toutes nos luttes et nos combats, le mal restera présent dans notre monde. Il en est ainsi depuis la faute originelle. Avec la venue de Jésus, la souffrance unie à Sa Croix devient rédemptrice. Un des grands drames de notre monde, c'est le refus de la souffrance.

Jésus nous dit de façon très claire dans l'Évangile : « Si quelqu'un veut venir à ma suite, qu'il se renie lui-même, qu'il se charge de sa croix et qu'il me suive. Qui veut en effet sauver sa vie la perdra, mais qui perdra sa vie à cause de moi et de l'Évangile la sauvera » (Mc 8, 34-35).

La souffrance, c'est un peu comme la présence des pauvres dans nos vies, si nous l'accueillons comme Jésus nous demande de l'accueillir elle nous donne vie. Quand les pauvres sont accueillis, aimés, ils retrouvent l'espérance et ils deviennent « source de vie » pour les autres.

☐ **Témoignage**

Quand je contemple la beauté de chacun dans mon Foyer, je sens si fort qu'ils ont une grande liberté intérieure, une grande sécurité parce qu'ils sont en prise directe avec le Bon Dieu ! Alors, quand je n'en peux plus, je me branche sur eux de façon particulière. Quand ils dorment je reste là un long moment à imprégner leur visage dans mon cœur.

Chacun d'eux est pour moi ce combustible qui permet à la petite flamme très vacillante de mon appel à vivre pour Jésus de rester allumée. Ils sont ce chemin qui me porte à Lui. Et à chaque déviation, à chaque croisement, à chaque trébuchement, il suffit que je laisse mon cœur se remplir d'eux et je retrouve cette source souterraine.

Et pourtant quelle souffrance en chacun... presque impossible à rejoindre. Mais quel sens du pardon, quelle tendresse, quel accueil en profondeur.

La dernière personne accueillie dans le foyer, et que j'accompagne de façon particulière, me laboure intérieurement : comment dire... elle est comme un cristal sur lequel se reflète la moindre lumière, la moindre ténèbre. Elle est tellement abandonnée, mais aussi si vite pacifiée, elle est si fragile... elle est comme un grand cri, le cri de notre monde si souffrant par l'amour.

Anne

Viens et suis-moi

C'est en 1968 que j'ai rencontré l'Arche pour la première fois. J'avais vingt-quatre ans. J'étais heureuse, j'avais un travail, des amis. J'avais de bonnes relations avec ma famille, mes parents, mes frères et sœur que j'aimais beaucoup et qui m'ont beaucoup donné. Mais je portais dans mon cœur une question : « Qu'est-ce-que Jésus voulait pour moi ? Où est-ce qu'Il voulait que je lui donne ma vie ? » Je me souviens bien du jour où j'avais confié de façon plus pressante cette question à Marthe dans une lettre. Je lui disais que je sentais que c'était le moment pour moi de connaître la volonté de Jésus pour ma vie. Quelques jours après l'envoi de la lettre, j'ai rencontré l'Arche pour la première fois. Une coïncidence où je vois la main de Dieu, et la prière de Marthe. Et depuis, jusqu'à sa mort, elle m'a toujours confirmée très fort dans cet appel à vivre à l'Arche. Elle était si proche des petits et des pauvres. C'est Marthe qui de façon particulière a suivi, soutenu, encouragé mes premiers pas, mes premières années à l'Arche. Elle suivait avec beaucoup d'attention et de délicatesse ce que j'y vivais. Par exemple, durant les années où j'ai été confrontée fréquemment, dans les Foyers des Rameaux et du Val, à des situations de grande agressivité, elle me disait : « Il faut qu'il y ait des hommes présents, ne restez pas seule. » Dans un sens j'étais bien trop craintive pour me mettre dans des situations impossibles, j'allais toujours demander de l'aide, et quand il n'y avait pas le choix, Jésus m'a toujours donné son soutien. Alors je n'avais pas peur. S'il fallait faire face à une situation de crise, c'était toujours par la douceur, par un contact direct avec la personne en difficulté que le calme revenait.

Marthe était aussi très taquine, elle avait beaucoup d'humour. Quand elle me faisait des remarques amusantes ou parfois quand je lui disais quelque chose qui l'amusait, elle se mettait à rire et m'entraînait dans son rire. Il y avait quelque chose de très « frais » qui se communiquait quant on pouvait rire avec elle. Cela me faisait du bien !

Marthe me posait beaucoup de questions sur notre vie concrète à l'Arche. C'était sa manière de nous prendre encore davantage dans sa prière et dans son offrande.

C'est donc dès cette première rencontre avec des personnes handicapées, en particulier avec Raphaël (la première personne que Jean a accueillie à l'Arche en 1964), que Jésus m'a demandé de le suivre à travers les pauvres à l'Arche. Pour beaucoup des assistants qui viennent à l'Arche, la première rencontre est une « rencontre-appel » une rencontre qui nous dit la route à suivre. Pour moi, elle a été une rencontre dans laquelle Jésus m'a dit : « Viens et suis-moi à l'Arche, dans cette communauté de pauvres. » C'est en partie à travers Raphaël que Jésus m'a dit cela. Raphaël ne le sait pas. Il ne peut comprendre, même aujourd'hui, qu'à travers sa pauvreté à lui Jésus peut en appeler d'autres à le suivre. Pour moi, c'est Raphaël, pour d'autres, c'est

Pierre, Georges, André, Anne-Marie, Philippe, etc., ... et souvent ceux-ci ne le savent pas. Souvent, plus ils sont démunis, pauvres, sans paroles, plus Jésus parle à travers eux. Raphaël, lui, parle très peu, très mal. Il a quelques mots, toujours les mêmes, dont on devine le sens. Il n'a pas de réelle capacité de travail, très peu d'autonomie personnelle. Il est très vulnérable, dépendant de son entourage. Il a été mis dans un hospice alors qu'il n'avait pas trente-cinq ans, parce que personne ne pouvait s'occuper de lui, sa maman venait de mourir. Il n'y avait pas de place pour lui dans la société. Rejeté, ignoré, mis de côté, il a été choisi sans le savoir pour commencer l'Arche, avec Jean et Philippe. Pour lui, on peut dire comme pour Jésus : « La pierre qui a été rejetée par les bâtisseurs est devenue la pierre angulaire » (Lc 20, 17). C'est sur lui, avec lui, que l'Arche s'est construite. Lui ne le sait pas, il ne peut accéder à cette compréhension. Il est ce pauvre dont Jésus se sert pour attirer d'autres vers LUI.

Des jeunes de tous pays

Beaucoup de jeunes à travers le monde viennent dans les communautés de l'Arche pour faire une expérience de vie avec des personnes ayant un handicap mental. Ils viennent pour quelques jours, quelques mois, quelques années. A travers cette expérience, Jésus peut les appeler à le suivre : « Viens et suis-moi. »

Beaucoup viennent simplement pour un temps d'expérience, comme ils vont à Taizé, chez Mère Teresa ou encore dans le tiers monde, dans le cadre de la coopération, du service civil ; ils viennent souvent après leur bac, avant de commencer des études universitaires, vivre un an à l'Arche. Ils sont jeunes, ils ont dix-huit, dix-neuf, vingt ans. Souvent ils n'ont jamais vraiment rencontré de personnes ayant un handicap mental, ils ont entendu parler de la vie à l'Arche par des amis, par des conférences, souvent par des livres de Jean Vanier, le plus souvent le livre sur *La communauté, lieu du pardon et de la fête*. L'Arche est implantée dans de nombreux pays. Jean voyage beaucoup, il est souvent appelé à donner des conférences, des retraites, dans des pays où l'Arche n'a pas de communauté.

Les assistants de l'Arche eux aussi sont appelés à prendre contact avec des pays où l'Arche n'existe pas. Là ils entendent des appels, ils rencontrent des personnes ayant un handicap mental, ils découvrent des situations d'immense détresse, des situations de déchéance humaine.

D'autres assistants arrivent aussi de pays divers, parce qu'ils ont entendu parler de l'Arche par des amis, par tel assistant qui a passé du temps dans une Arche. Des contacts se créent, des liens d'amitié se tissent. Aussi de ces liens, de ces amitiés, naîtront peut-être de nouvelles communautés.

☐ **Témoignage**

Une assistante d'un pays du Moyen-Orient

Par une chaude journée d'été, confortablement installée au volant de ma petite voiture, j'écoutais avec ravissement Michel, assistant à l'Arche, me parler de sa vie à l'Arche : « ...C'est une petite vie très simple, où l'on ne fait pas de grandes choses... Nous vivons ensemble dans des foyers. La plupart des personnes travaillent dans des ateliers, mosaïque, poterie, sous-traitance..., il y a aussi le week-end... »

Une grande paix se faisait en moi, au fur et à mesure qu'il racontait : « C'est ça les Béatitudes », me disais-je !

Il faut dire que les derniers trois mois, je vivais de plus en plus difficilement la superficialité des relations dans le grand Centre International de Recherches dans lequel je travaillais. Tout était tellement centré sur l'assouvissement des désirs de chacun : la dernière acquisition technique, vestimentaire, etc., le besoin de se surpasser les uns les autres. Mis à part le travail, qui était passionnant, je sentais un grand vide s'installer.

Et ce que Michel me racontait, me donnait une impression de vie, de vraie vie jaillissante.

Deux jours plus tard, c'est Rita qui a achevé de me conquérir le cœur : Michel et Paul, deux assistants de l'Arche, m'avaient invitée à regarder des diapositives de l'Arche, dans une famille amie. Une douzaine de jeunes du quartier étaient là aussi. Après les diapositives, tout le monde s'est réuni au salon pour poser des questions. Rita, la fille aînée de cette famille, qui avait un handicap, était également présente.

Agée d'une dizaine d'années, Rita courait par petits pas instables d'un bout à l'autre du salon. Plusieurs jeunes avaient essayé de l'attirer vers eux, mais en vain.

Tout à coup, elle a couru du fond du salon vers Paul qui se trouvait à l'autre bout de la pièce, elle s'est arrêtée devant lui, a grimpé sur ses genoux, lui a entouré la tête de son bras et a reposé son visage au creux de son épaule. Un grand sourire lui éclaira le visage alors. C'était merveilleux de pouvoir lire ainsi le bonheur sur son visage. Le contraste entre sa joie et la souffrance marquée sur les traits de son visage m'a beaucoup émue. A cause de ses chutes fréquentes, dues à sa maladie, l'épilepsie, Rita avait une grosse bosse sur le front, le nez cassé et de grands cernes sous les yeux. Elle devait avoir un cœur et une sensibilité extraordinairement développés pour reconnaître le sentiment intime de Paul vis-à-vis d'elle, pour savoir qu'elle était aimée par lui, pour avoir délaissé ainsi les avances des autres et avoir couru vers celui qui n'avait pas fait un geste envers elle mais dont le cœur avait été touché par elle.

Ce fut le début d'une longue amitié avec Rita et ses parents et moi-même. Il faut dire que cela m'avait pris deux longs mois avant de décider de tenter l'aventure de l'amitié avec elle. Je remercie le Seigneur, tous les jours davantage, pour ce très beau cadeau qui a bouleversé ma vie, et qui m'a fait découvrir l'appel de Dieu sur moi, de venir vivre à l'Arche.

Rima

C'est magnifique de voir à travers le monde tout le travail de l'Esprit Saint qui s'arrange pour que les personnes se rencontrent, s'aiment, se lient d'amitié. C'est un peu comme le mouvement de la mer, un flux et un reflux qui poussent les jeunes vers les communautés. C'est un phénomène de rayonnement interne et externe qui est vécu dans chaque communauté. On ne finit pas de s'étonner, de s'émerveiller en voyant tous ces jeunes qui viennent frapper à la porte et qui demandent à partager notre vie, à partager la vie avec les pauvres. A Trosly, une centaine de jeunes viennent ainsi vivre avec nous chaque année. Beaucoup arrivent de l'étranger, de nombreux pays d'Europe : Allemagne, Belgique, Italie, Autriche, Grande-Bretagne, Suisse, Pays-Bas, pays scandinaves, Irlande, Espagne, Portugal, Pologne, mais aussi de plus loin : du Canada, des États-Unis, parfois du Mexique, de l'Amérique du Sud ou de l'Amérique centrale, du Liban... Quelques-uns sont même venus récemment du Japon, des Philippines, d'Australie, d'Égypte et de Syrie.

« Le vent souffle où il veut : tu entends sa voix, mais tu ne sais ni d'où il vient, ni où il va. Ainsi en est-il de quiconque né de l'Esprit » (Jn 3, 8).

Ce mouvement de brassage universel touche toutes les communautés de l'Arche à travers le monde. Il leur donne une dimension d'universalité qui est essentielle dans notre vie à l'Arche : nous voulons essayer de vivre ensemble en nous enrichissant des différences de langue, de culture, de religion, de civilisation. Les jeunes sont très sensibles à cette dimension. Les hommes et les femmes d'aujourd'hui ont vitalement besoin de se rencontrer, de vivre ensemble en découvrant la richesse de leurs différences. Les jeunes en particulier voyagent beaucoup, ils ont besoin de vivre une rencontre entre les peuples. Cette aspiration rencontre un des grands messages de l'Évangile : respecter, aimer l'autre, celui qui est différent. Une des exigences les plus radicales de l'Évangile est bien celle-ci : « Aimez vos ennemis, faites du bien à ceux qui vous haïssent » (Lc 6, 27), et encore : « J'étais un étranger et vous m'avez accueilli. »

Le monde a besoin que les chrétiens, et avec eux tous ceux qui ont un sens vrai de la personne humaine, soient témoins de l'unité possible entre les peuples. Dans notre monde, il y a trop de manifestations de haine, de violence, de dureté. Le monde a besoin, les jeunes ont besoin de témoignages d'amour, de tendresse, de compassion, de réconciliation, pour croire à l'unité possible et travailler à la faire grandir.

Il y a deux mille ans, une jeune femme juive, Marie, portait dans son cœur toute l'attente de l'humanité. Dieu l'a façonnée, l'a préparée pour être la Mère du Sauveur. Il lui a donné un immense désir, une soif ardente de la venue du Messie; c'est alors qu'Il l'a choisie et appelée pour enfanter ce Messie, l'Agneau de Dieu qui enlève le péché du monde, et vient réconcilier l'homme et la femme avec Dieu. Dieu a répondu à la soif de Marie. Par notre soif, par notre désir d'unité, nous devons attirer la venue de Jésus sur notre terre et dans le cœur de chaque homme et de chaque femme de notre monde, pour que chacun puisse découvrir son sauveur. « Je ne suis pas venu appeler les justes mais les pécheurs » (Mc 2, 17), nous dit Jésus. Chaque homme, chaque femme, même sans le savoir, attend son sauveur, son Messie, celui qui sera l'Emmanuel, Dieu avec lui, Dieu avec elle. Notre soif, notre désir doit être si grand, si fort qu'il fait naître le Messie dans chaque cœur. C'est notre mission, c'est la mission de tout chrétien. Jésus ne veut pas que nous soyons des tièdes : « Je suis venu jeter un feu sur la terre, et comme je voudrais que déjà il fût allumé ! » (Lc 12, 49).

Je t'ai appelé par ton nom

Les jeunes viennent dans les communautés de l'Arche, comme en tant d'autres communautés, attirés par ce feu de l'amour. Si nos communautés sont tièdes, ils ne viendront pas. Le feu est toujours quelque chose qui brûle, qui réchauffe, mais il y a beaucoup de sortes de feu : un grand feu, un petit feu, un feu de bois, un feu de braise, un feu qui brûle vite mais ne dure pas, etc. Il me semble que le feu qui brûle dans les communautés de l'Arche est un feu vif, un feu qui consume vite, qui arrive vite au centre de la bûche, à nos blessures. C'est un feu qui fait mal, un feu qui n'est pas trop protégé des courants d'air, un feu plein d'imprévus. Ce n'est pas un feu de salon, mais bien plutôt un feu de forêt, un feu un peu sauvage qui a besoin de la présence de quelques bûches assemblées, mais aussi du vent de la solitude.

C'est aussi quelquefois ce feu que Jésus ressuscité allume pour cuire le petit déjeuner des apôtres au bord du lac de Tibériade. A l'Arche, il y a aussi ce petit feu-là de Jésus ressuscité pour son Eglise d'aujourd'hui et de demain, pour tous les hommes et les femmes de notre terre. Nous sommes appelés à alimenter ce petit feu-là, afin que les apôtres aient un bon petit déjeuner qui leur donne le goût de partir évangéliser leurs frères.

Alors des jeunes viennent attirés par le grand feu ou par le petit feu de nos communautés, le feu sauvage ou le feu très doux de Tibériade... Ce qui est sûr, c'est qu'ils viennent, et dans leur expérience de vie, de quelques jours, de quelques semaines, de quelques mois, de quelques années, Jésus touche leur cœur par la rencontre du pauvre, par le partage de vie avec des personnes ayant un handicap. Parfois, ils ne se rendront compte de ce travail de Jésus qu'après avoir quitté l'Arche, parfois même quelques années plus tard. Ils reliront alors ce passage à l'Arche comme une étape importante, un passage de Dieu dans leur vie, dont ils n'avaient pas conscience au moment même.

Il y a beaucoup de demeures dans la Maison du Père, il y a beaucoup de façons différentes d'être appelés à vivre à l'Arche. Cette rencontre est unique pour chacun. C'est le secret de notre relation avec notre Dieu, avec notre Créateur, avec Jésus. Pour certains, cet appel se fera de façon ténue, voilée, sur plusieurs mois ou plusieurs années ; pour d'autres, l'Arche est donnée tout de suite comme un appel radical pour suivre Jésus et les pauvres pour toute la vie. Quelle joie, quelle paix d'être prêt à Lui dire « oui », et de Le suivre.

Dans notre vie d'enfant de Dieu, de chrétien, d'homme ou de femme qui a soif de la justice, un des événements les plus marquants n'est-il pas cette rencontre avec Jésus qui nous dit : « Viens et suis-moi. » Prions pour que Jésus ne nous trouve pas comme le jeune homme de l'Évangile qui n'était pas prêt à quitter ses biens pour suivre Jésus et qui « s'en alla tout triste » (Mt 19, 22).

RETROUVER SA PROPRE HUMANITÉ

VIII

LE TRAVAIL DES PERSONNES AYANT UN HANDICAP SUR LES ASSISTANTS

Contraste !

En arrivant à l'Arche, les assistants sont souvent loin du cri du pauvre. A vingt ans, on est souvent dans une dynamique d'autonomie, on a quitté ses parents, on a choisi de faire des études, de travailler et d'avoir un métier. On est dans une dynamique de choix, beaucoup de possibilités nous sont ouvertes. On peut choisir ce qu'on va faire de sa vie : reprendre des études, les interrompre, choisir entre plusieurs orientations... Cette possibilité de choix est parfois très large.

Elle est en contraste avec le non-choix qui est le lot des personnes ayant un handicap. C'est quelque chose que l'on ne réalise peut-être pas tout de suite, mais il est évident que la plupart des personnes handicapées qui sont dans nos communautés n'ont pas du tout choisi, au moins dans un premier temps, de venir à l'Arche. Elles ont eu très peu de possiblilités de choisir ce qu'elles voulaient pour leur vie. Le handicap a beaucoup limité la dynamique d'autonomie.

Nous sommes dans une situation de grand contraste. Les personnes accueillies dans nos communautés et les assistants sont dans des dynamiques très différentes. Les assistants ont choisi de venir à l'Arche, et demain ils peuvent choisir de partir ou de s'y engager. Les personnes handicapées, pour la plupart, n'ont pas ce choix : elles sont à l'Arche, et il n'y a pas d'autre possibilité pour elles que l'hôpital ou d'autres institutions. Certes, toute notre vie à l'Arche, toute notre pédagogie cherche justement à redonner aux personnes un sens de liberté, une possibilité de choix afin de les remettre dans une dynamique de vie. Mais elles sont tellement marquées, en général, par tout un poids de non-choix qu'il faut un long travail pour qu'elles deviennent capables de choisir ce qu'elles veulent pour leur vie. Dans le cadre de nos communautés, elles peuvent choisir de changer de foyer, ou de travail, mais la plupart ne peuvent pas choisir de quitter l'Arche.

Nous, assistants, nous pouvons choisir de quitter l'Arche. Cela nous met dans une situation très différente. Nous pouvons choisir de nous engager dans la voie du mariage, ou dans le célibat pour Jésus et les pauvres. Nous pouvons faire ce choix. Les hommes et les femmes qui ont un handicap ne le peuvent pas. Nos horizons sont par là très différents. La dynamique d'indépendance dans laquelle nous évoluons face à leur non-choix est quelque chose d'assez bouleversant. Pourquoi avons-nous tant de possibilités, pourquoi avons-nous tant reçu et pourquoi ont-ils si peu reçu ? Ou pourquoi ont-ils déjà vécu tant de souffrances ?

Si nous laissons tomber nos barrières et nos défenses, si nous nous approchons vraiment de leur cœur, de leur souffrance, nous ne pouvons pas ne pas être bouleversés de voir ce contraste, ce décalage. Pourquoi ai-je connu tant de choses positives dans ma vie et pourquoi Nicolas a-t-il déjà tant souffert ? Quel mystère !

Comme assistant, il est important de s'éveiller à cette différence et de ne pas trop vite oublier cette interrogation douloureuse. Il est important de ne pas s'arrêter aux aspects extérieurs de leur souffrance, mais d'aller plus profond, de regarder vraiment la souffrance qui est dans leur cœur, celle qui les habite souvent depuis leur naissance, ou depuis l'époque où ils étaient tout-petits, depuis, bien souvent, le moment où leurs parents se sont aperçus de leur handicap et où eux-mêmes ont ressenti toute la souffrance que cela éveillait chez leurs parents. Un tout petit enfant perçoit très bien comment sa maman, comment son papa le regarde et le voit, il peut percevoir l'instant où ses parents découvrent qu'il est handicapé, qu'il ne sera pas comme les autres. Nous, les assistants, nous avons pour la plupart été regardés par nos parents comme une grande joie, nous étions pour eux le plus bel enfant du monde. Les enfants qui ont un handicap ont été regardés comme quelqu'un qui dérange, quelqu'un qui n'était pas attendu tel qu'il est, et cela même si les parents sont merveilleux. Ce premier regard sur l'enfant qui porte un handicap va le marquer pour toujours. Il y a une souffrance qui commence là, et qui restera pour toute sa vie.

Quand nous sommes appelés à rencontrer des personnes qui ont un handicap, à vivre avec elles, nous sommes appelés à pénétrer dans ce contraste bouleversant entre leur vie et notre vie, leur souffrance et tout ce que nous avons reçu, entre leur dépendance et ce don que nous avons reçu d'être libres, de pouvoir faire des choix.

Retrouver notre vrai visage

La vie d'intimité avec les pauvres nous amène à retrouver notre humanité. En vivant avec eux, nous retrouvons le chemin qui conduit vers Jésus et vers le Père. Ils nous conduisent sur le chemin des Béatitudes, le chemin de la petitesse et de la pauvreté évangélique. Ils

nous montrent, à leur façon, comment prendre cette « petite voie »
dont nous parle Thérèse de Lisieux et qui est la voie de l'Évangile :

> « J'ai toujours désiré être une sainte, mais hélas ! j'ai toujours constaté,
> lorsque je me suis comparée aux saints, qu'il y a entre eux et moi la même
> différence qui existe entre une montagne dont le sommet se perd dans les
> cieux et le petit grain de sable obscur foulé par les pieds des passants ; au
> lieu de me décourager, je me suis dit : le Bon Dieu ne saurait inspirer des
> désirs irréalisables, je puis donc malgré ma petitesse aspirer à la sainteté ;
> me grandir, c'est impossible, je dois me supporter telle que je suis, avec
> toutes mes imperfections, mais je veux chercher un moyen d'aller au ciel
> par une petite voie bien droite, bien courte, une petite voie toute nou-
> velle [1]. »

Les pauvres, en effet, nous montrent une petite « voie » toute nouvelle. En vivant avec nous, ils nous amènent progressivement à nous
libérer de nos barrières, de notre personnage, ils nous aident à retrouver notre vrai visage d'enfant de Dieu, notre véritable humanité
reprise et recréée en Jésus par sa mort et sa résurrection. Le pauvre,
en son dépouillement, nous conduit à nous dépouiller de nous-même,
à retrouver notre véritable identité, notre vraie personne, notre vraie
personnalité. Dans l'alliance vécue avec Jésus, le pauvre devient pour
nous un chemin de guérison intérieure, guérison de notre pharisaïsme,
de notre égoïsme. Il nous apprend à redevenir comme de petits
enfants : « C'est à eux qu'appartient le Royaume des Cieux. »

Trouver notre vrai visage, notre vraie personne : c'est quelque chose
d'essentiel dans notre vie à l'Arche. C'est souvent le travail que le
pauvre opère, à son insu, sur chacun de nous - les assistants - qui
venons vivre avec lui. Nous venons partager notre vie avec lui, nous
mettre à son service, lui apporter nos petites « compétences ». Et c'est
lui qui réalise en fait, sur nous, le travail le plus important. Il nous fait
découvrir notre vraie personne et, par là, nous unifie de l'intérieur en
nous faisant découvrir Jésus et son Père. Avec lui, nous pouvons
devenir des adorateurs en esprit et en vérité. C'est un travail qui n'a
rien à voir avec nos compétences, c'est le travail même de l'Esprit
Saint, le Père des pauvres, qu'ils opèrent en nous.

Le pauvre creuse en nous un espace pour rencontrer Jésus et son
Père. A son contact, il est moins difficile, il est si évident de reconnaître que nous sommes pécheurs, faibles, remplis de difficultés et de
blessures. A son contact, nous découvrons, plus facilement peut-être,
la faille du péché en nous, la faille de notre « moi »- le moi en tant que
protection et masque de nos faiblesses.

Le pauvre touche directement notre cœur dans ce qu'il a de meilleur. C'est son grand secret, c'est son grand don. Il ne peut pas

---

1. *Histoire d'une âme, manuscrits autobiographiques de Sainte Thérèse de l'Enfant
Jésus*, Cerf-Desclée de Brouwer, p 244.

toucher notre intelligence, notre raison, il en a souvent si peu lui-même. Il ne peut pas toucher notre efficacité, il n'en a guère lui-même la plupart du temps. Il ne peut pas beaucoup influencer en nous le domaine de l'imagination et des idées, qu'il ne maîtrise pas. Son cœur vit au niveau de l'essentiel, de l'amour, de la présence.

La seule chose qu'il peut et qu'il sait bien toucher, c'est notre cœur. Et cela, il le fait indépendamment des langues, des cultures, des races, des éducations : parce qu'il a souffert comme Jésus. Parce qu'il a souvent été rejeté, bafoué, traité comme moins que rien, il a un cœur universel, un cœur aux vraies dimensions du monde - le Cœur blessé de Jésus.

Son cœur blessé est directement uni au Cœur blessé de l'Agneau. Il est agneau de Dieu avec Jésus. Agneau de Dieu qui sauve et rachète le péché des hommes. Il sauve le monde avec Jésus, uni à sa passion et à sa croix. Comme Marthe Robin le disait, les personnes avec des handicaps sont des rédempteurs avec Jésus, à sa suite. Ils n'ont pas choisi cela, c'est Jésus qui leur a donné cette place de choix, cette place unique dans l'histoire du salut. A la suite de Jésus ils portent la croix, et ils nous aident à porter nos propres croix. Ils ont été réquisitionnés directement par Jésus pour porter sa croix avec lui, et pour nous montrer, pour nous ouvrir le chemin de la vie.

Les pauvres nous redonnent notre vrai visage. Notre visage avec ses vraies pauvretés, ses vraies souffrances, ses vraies fatigues, Un visage qui n'est pas sophistiqué, un visage dans lequel pourra briller la lumière du Christ, un visage qui n'est pas fait d'artifices, un visage de joie, un visage de douleur. Un visage d'une humanité retrouvée, d'une humanité purifiée, dépouillée. Un visage d'enfant de Dieu, aimé par le Père parce que sauvé par Jésus. C'est ce visage-là que le pauvre veut nous rendre.

□ Témoignage

Avec Sylvie, cela fait neuf ans que nous habitons dans le même foyer. Sylvie a vingt-cinq ans. Elle a un regard que l'on n'oublie pas, parfois profond et sérieux, et d'autres fois plein de rires et taquin. Sylvie a aussi un handicap très profond. Elle ne parle pas, ne marche pas et a besoin d'aide pour tous les gestes de la vie. Sylvie a été retirée de sa famille à quelques mois et placée dans un orphelinat, dans lequel elle est restée jusqu'à sa venue dans une communauté de l'Arche, à l'âge de seize ans.

J'avais vingt ans quand le foyer a ouvert ses portes et que Sylvie y est arrivée. Elle avait besoin de beaucoup de présence. Elle se tapait la tête avec son poing, ce qui fait qu'elle avait un bandage sur la tête et un sur la main pour la protéger. Quand Sylvie était angoissée, qu'elle avait peur, qu'elle était en colère ou simplement pour avoir notre attention, elle se tapait de toutes ses forces et se faisait très mal. J'avais l'impression, parfois, qu'elle avait un vide affectif si grand qu'il fallait qu'elle ait très mal à la tête, pour ne pas sentir comment ce vide lui faisait mal à l'intérieur d'elle-même.

Et parce que les liens entre elle et moi grandissaient, devant sa souffrance, et celle de Georges, et celle des autres avec qui elle était arrivée, la révolte commença à sourdre à l'intérieur de moi. Dans le quotidien cela ne se voyait pas. J'étais prise par la vie, par les temps de lever, de coucher, de repas, et les longues soirées qui se terminaient souvent dans les rires.

Mais quand j'étais seule, les questions se bousculaient. Pourquoi Sylvie? Pourquoi les uns sont-ils handicapés et pas les autres? Pourquoi cette souffrance? Quel sens pouvait avoir la vie de Sylvie? Dieu, pourquoi? Et la révolte grondait de plus en plus fort.

Je voulais comprendre pourquoi cela était comme ça. Je tournais tout cela à l'intérieur de moi. Tout était bousculé. Tout ce que j'avais appris - les valeurs de la société, de ma culture nord-américaine, cela ne tenait pas devant cette souffrance. Et si ces valeurs étaient vraies, la vie de Sylvie n'avait pas de sens. Car elle ne se marierait pas, n'aurait pas d'enfants; elle ne ferait jamais d'études, ne travaillerait jamais, ne serait jamais « productive ».

Ce qui est important avec Sylvie, c'est la façon dont on est avec elle. Elle est très sensible. Si nous sommes attentifs et que nous prenons notre temps avec elle, elle est heureuse, paisible. Si nous la bousculons, si nous faisons tout pour que cela aille plus vite, ne la laissant pas faire ce qu'elle sait faire, elle reste lointaine et absente ou bien elle se fâche et nous force à nous arrêter pour faire davantage attention à elle.

C'est ainsi qu'un jour où je faisais sa toilette, avec l'aide d'une autre assistante, parce que Sylvie passait un moment difficile et que dans ces cas-là, il valait mieux être deux auprès d'elle, je dus m'arrêter. Je ne me rappelle plus très bien comment cela s'est passé. Simplement, on s'est fâchées toutes les deux, Sylvie et moi, et après je dus prendre le temps, pour qu'elle nous aide à finir sa toilette.

Mais ce que je me rappelle bien clairement, c'est que ce jour-là fut une prise de conscience très forte du fait que Sylvie n'était plus pour moi, une personne avec un handicap. Oui, bien sûr, elle gardait son handicap, sa souffrance, mais d'abord, elle était Sylvie. Sylvie que j'avais appris, au fil des mois, à aimer comme une amie. Sylvie qui m'appelait, par sa façon d'être, à être vraie avec moi-même et avec elle; à ne pas fuir devant sa souffrance qui mettait en lumière les miennes. Sylvie qui pouvait aussi m'entraîner dans ses fous rires contagieux, lorsqu'elle avait trouvé la façon de me taquiner.

C'est difficile à exprimer - mais c'était comme si cela me faisait entrer, un peu, dans le mystère de l'Amour de Dieu.

Je voyais que j'aimais Sylvie. Cela ne s'explique pas, pourquoi on aime quelqu'un. Je me dis que si moi j'aimais Sylvie, eh bien Dieu devait l'aimer, et d'une façon encore plus grande puisqu'Il est Dieu. Et pourtant Sylvie ne « faisait » rien, elle n'était pas « productive »... En pensant à tout cela, je me suis dit que peut-être qu'il en était ainsi pour moi, qu'il y avait en moi comme en Sylvie une valeur extraordinaire — un lieu où Dieu seul nous connaît — et que ce n'est pas par les choses que je fais ou ne fais pas que je suis aimée. Je découvris que Dieu nous aimait, Sylvie et moi, comme ça, gratuitement.

Ce lien avec Sylvie fut quelque chose de fort dans ma vie ; il m'a façonnée, en quelque sorte. Oui, il y a un lien entre la vie de Sylvie et la mienne, comme il y a un lien entre ma vie et celle de Xavier, Philippe, Mireille. Devant la souffrance de Sylvie — je ne comprends toujours pas — je sais que je suis appelée à rester là avec elle, à ne pas fuir.

Ce n'est pas très grand, c'est quotidien, mais ces liens sont la lumière et l'amour que j'ai reçus pour ma vie.

Chris

IX

CE PAUVRE QUI APPELLE EN MOI

Descente dans ma propre pauvreté

A partir de ma venue à l'Arche, j'ai commencé un chemin de « descente » dans ma propre pauvreté. J'ai commencé à vivre de plus en plus de cette parole de Jésus : « Ce ne sont pas les gens en bonne santé qui ont besoin de médecin, mais les malades ; je ne suis pas venu appeler les justes mais les pécheurs, au repentir » (Lc 5, 31-32).

Cette « descente », je continue de la faire chaque jour dans la lutte, dans les ténèbres, dans la douceur, dans la lumière. C'est souvent douloureux de découvrir qu'il y a ce « pauvre » qui habite en moi, ce « pauvre » qui ne cesse de crier, d'appeler, d'être angoissé. C'est douloureux, mais avec la grâce de Jésus et la force de ses sacrements, c'est d'abord et surtout « libérateur ». A partir de cette « descente » dans mes propres ténèbres, la vie de Jésus peut jaillir, il peut venir me sauver, me libérer.

Il y a beaucoup d'épaisseurs de ténèbres, de misère en moi. C'est le message, le premier message, foudroyant, que j'ai reçu lors de mon premier contact à l'Arche avec les personnes ayant un handicap. C'était la première fois, d'une certaine façon, que je rencontrais de façon aussi profonde, aussi abrupte, des personnes qui révélaient directement « le pauvre » qui m'habite. Cette première rencontre était Bonne Nouvelle. « La Bonne Nouvelle est annoncée aux pauvres », au pauvre que j'étais, à la pauvre que je suis.

Le type de relations que j'avais pu avoir dans la vie sociale ne rejoignait pas le « pauvre » en moi. Habituellement, toute la vie sociale est organisée, en un certain sens, pour cacher le « pauvre » qui est en chacun de nous. Un des dons de la personne ayant un handicap est de vivre sa pauvreté à visage découvert. C'est ce qui lui donne en général cette possibilité de contact simple, direct, sans détours.

Voici l'Agneau de Dieu

Dans l'Évangile de saint Jean, on voit Jean-Baptiste annoncer Jésus. Quand il voit Jésus venir vers lui, il s'écrie : « Voici l'Agneau de Dieu qui enlève le péché du monde » (Jn 1, 29). Ce grand péché qui est dans notre monde, c'est de ne pas vouloir se brancher sur la source qui est Dieu. C'est de se couper de Lui. Jésus, Agneau de Dieu, vient nous rebrancher sur la source. C'est très beau, un petit agneau, c'est très touchant, c'est très doux, très paisible. Un agneau est sans défense, il est complètement démuni. Quand Jean-Baptiste rencontre Jésus, ce n'est pas le petit Jésus de Bethléem, c'est Jésus adulte, Jésus à trente ans, Jésus qui marche sur les routes de Galilée, un Jésus qui n'a rien d'un tout-petit, un homme en pleine force de l'âge, un homme fort. C'est incroyable, quand on le contemple ainsi, d'entendre le nom que lui donne Jean-Baptiste : « l'Agneau de Dieu ». Et le terme qu'il emploie désigne bien un petit agneau, cet être démuni, sans défense, faible et dépendant.

Dans nos communautés, nous avons souvent des hommes et des femmes qui nous font un peu penser à des agneaux, parce qu'ils sont très doux. Ils ont souvent un visage très paisible, un visage dans lequel on ne voit pas le mal, un visage dans lequel on ne voit qu'une grande bonté. Jacky, un homme qui était dans notre communauté et qui est mort le 1er janvier 1987, est vraiment pour beaucoup d'entre nous l'image d'un agneau, d'un être sans défense. En lui il n'y avait que de la bonté, que de la paix, de la douceur. C'était un être d'accueil. Quelle grande grâce d'avoir ces hommes et ces femmes parmi nous, de vivre avec eux, de partager leur vie !

Si le vieillard Syméon, accueillant Jésus au Temple quand il n'avait que quarante jours, l'avait appelé « Agneau de Dieu », nous n'aurions pas été très étonnés. Mais nous sommes quand même surpris de voir Jean-Baptiste appeler le grand Jésus « l'Agneau de Dieu ». C'est bouleversant de réaliser, dans cette appellation de Jean-Baptiste, le contraste entre l'agneau, cet être si démuni, si fragile, si petit, et le poids du péché qui pèse sur lui : « Agneau de Dieu qui enlève le péché du monde... » Le péché, c'est vraiment le mal qui pèse sur l'humanité, c'est ce poids de souffrance, ce poids de haine, d'indifférence et de peur qui accable notre monde. il est extraordinaire que celui qui va ôter ce péché du monde, celui qui va ôter cette lèpre qui nous atteint tous, c'est un agneau, un être sans défense. C'est Jésus, doux, démuni et fragile, qui fait face à tout ce mal. C'est ce Jésus, démuni comme un agneau, qui va nous libérer du poids du mal, du poids de notre esclavage, de ce poids qui est le péché.

Isaïe parle de cet agneau qu'on mène à l'abattoir, cet objet de mépris devant lequel on se voile la face :

« Objet de mépris, abandonné des hommes, homme de douleur, familier de la souffrance, comme quelqu'un devant qui on se voile la face, méprisé, nous n'en faisions aucun cas. Or ce sont nos souffrances qu'il portait et nos douleurs dont il était chargé. Mais lui, il a été transpercé à cause de nos fautes. Le châtiment qui nous rend la paix est sur lui, et dans ses blessures nous trouvons la guérison. Yahweh a fait retomber sur lui nos fautes à tous. Maltraité, il s'humiliait, comme l'agneau qui se laisse mener à l'abattoir, il n'ouvrait pas la bouche » (Is 53, 3-7).

Le pécheur, c'est chacun de nous qui se voile la face devant cet Agneau qu'est Jésus, c'est chacun de nous qui conduit Jésus à la Croix. Et cet Agneau de Dieu, sur la Croix, donne sa Vie pour nous, pour nous sauver.

Mais parce que cet agneau, cet être si fragile, si petit, est Fils de Dieu, Il ressuscitera, et parce qu'Il est Fils de Dieu, Il sera vainqueur du péché, Il sera vainqueur de la mort, et avec Lui nous serons tous entraînés vers la Vie.

Le livre de l'Apocalypse est un très beau livre, plein de symboles ; il est un livre d'espérance. Il nous montre toutes les luttes de notre monde, toutes celles que nous pouvons être appelés à connaître. A la fin de l'Apocalypse, nous voyons la victoire de l'Agneau face au mal. Il faut contempler cette victoire de l'Agneau et entendre Dieu nous appeler à vivre les noces de l'Agneau :

« Alleluia ! Car il a pris possession de son règne, le Seigneur, le Dieu Maître de tout. Soyons dans l'allégresse et dans la joie, rendons gloire à Dieu, car voici les noces de l'agneau. Heureux les gens invités au festin de noces de l'agneau » (Ap 19, 6-7).

C'est donc ce Jésus, Agneau de Dieu qui vient nous visiter et nous dit à chacun :

« Venez à moi vous tous qui peinez et ployez sous le fardeau, et je vous soulagerai, chargez-vous de mon joug et mettez-vous à mon école, car je suis doux et humble de cœur, et vous trouverez soulagement pour vos âmes. Oui, mon fardeau est léger » (Mt 11, 28-30).

Oui, il y a sur chacun de nous un joug. Ce joug, c'est sûrement pour une part le joug de notre culpabilité. Culpabilité de ne pas pouvoir pardonner à des frères et des sœurs, à des hommes et des femmes qui nous ont fait du mal, que nous ressentons comme nos ennemis, culpabilité d'avoir fait du mal à d'autres, culpabilité d'être riche, culpabilité de ne pas accueillir le pauvre, etc.

Dans les *psaumes,* nous entendons le cri de l'être humain qui appelle Dieu pour qu'il le libère de sa faute, de ce joug de la culpabilité qui l'oppresse : « Ma faute est devant moi sans relâche. Et de ma faute purifie-moi. Détourne ta face de mes fautes, et tout mon mal, efface-le » (Ps 51). Ainsi, dans cette grande prière est évoqué ce poids de nos fautes qui pèse sur nos épaules. Chacun de nous, quand nous avons péché, quand nous n'avons pas accueilli le pauvre, sait bien qu'il y a sur notre cœur un poids. Nous avons besoin de parler, de verbaliser notre faute. Nous avons besoin surtout d'être pardonnés.

Dans cette descente dans ma propre pauvreté, j'ai besoin de recevoir le pardon, que le prêtre me donne au nom de Jésus, dans le sacrement de Réconciliation : « Je te pardonne tous tes péchés. » La célébration de ce sacrement est quelque chose de très grand que nous pouvons vivre avec les pauvres à l'Arche, et ils nous en montrent souvent le chemin.

Rencontres dans les ténèbres

Cette descente dans ma propre pauvreté s'est faite parfois à travers les ténèbres de mes frères et sœurs à l'Arche.

Il y a eu des rencontres avec eux au cours desquelles j'ai été confrontée à la violence, plongée dans les tensions, les agressivités, les angoisses qui souvent les habitent.

Je me souviendrai toujours de la première fois, la seule fois du reste où j'ai été frappée par un homme de mon foyer. J'étais à l'Arche depuis quelques mois, et je vivais dans un foyer avec six hommes ayant un handicap et un ou deux assistants. Ce soir-là, j'étais seule au foyer avec les six hommes. L'atmosphère était lourde. Il y avait comme un poids qui pesait sur nous. Un des hommes en particulier n'allait pas bien. Ses « ondes d'agressivité » se transmettaient à tous. J'ai essayé de détendre l'atmosphère par une initiative qui était sûrement maladroite et Claude l'a ressentie comme une provocation. Il n'a pas supporté que je prenne à la légère l'angoisse, les « ténèbres » qui l'habitaient : il n'a pas supporté ce décalage entre lui et moi. Il n'a pas supporté ma maladresse, et il m'a frappée.

J'avais besoin de cette « claque » pour descendre de mon piédestal, pour le rejoindre un peu dans sa misère, dans sa détresse. La distance entre nous était trop grande, c'était insupportable pour lui. Dans ce partage de vie, je m'étais arrêtée sans entrer là où il avait le plus besoin que je pénètre, dans ses « ténèbres intérieures ».

La réaction de Claude a mis la pagaille dans la maison. Les autres hommes réagissaient à sa violence. J'étais tout à fait dépassée par ce qui se passait. Je ne me souviens plus de tous les détails de cet incident. Je me souviens simplement que je me suis retrouvée assise sur un banc, et que je me suis mise à pleurer. Un des hommes a essayé de mettre un peu d'ordre, il est venu vers moi, il a mis son bras autour de mon cou et il m'a consolée.

Les responsables de la communauté avaient été alertés et ont repris la situation en main. L'ordre rétabli, il a fallu que Claude me demande pardon. Mais lorsqu'il m'a serré la main en signe de pardon, je savais que j'étais moi-même fautive, et je lui ai demandé pardon de n'avoir pas su le rejoindre dans sa misère. Je remercie Claude de m'avoir ce jour-là fait descendre un peu de mon « piédestal ». De la rencontre avec ses ténèbres, a jailli pour moi la vie.

J'ai vécu très souvent, et je vis encore ces rencontres avec les ténèbres, l'angoisse qui habitent les uns et les autres de mes frères et sœurs à l'Arche. C'est un grand mystère, qui nous plonge dans le mystère de l'agonie de Jésus, notre Sauveur. Dans son agonie, Jésus a pris toutes nos agonies, toutes nos ténèbres. C'est un mystère de foi qui nous permet de rester debout dans les ténèbres et d'offrir toutes les souffrances : unies à l'agonie de Jésus et à Sa Croix, elles sont rédemptrices pour le monde.

Les rencontres difficiles parsèment mes journées à l'Arche. Elles sont semences de résurrection dans ma vie. Les rencontres avec les ténèbres de mes frères et sœurs débouchent presque toujours sur une rencontre de Lumière. Ces contrastes et cette alternance entre ténèbres et lumière sont chose très frappante dans notre vie à l'Arche.

X

REDEVENIR ENFANT DE DIEU

L'accueil du pauvre révèle nos blessures et réveille notre cri. Il nous appelle aussi à découvrir notre propre fécondité, soit dans la voie du mariage, soit dans le célibat. Chacun est appelé à porter des fruits, et sa fécondité passe par sa réponse à l'appel reçu.

La fécondité de chacun est liée à sa petitesse. Pour porter des fruits, il faut pénétrer dans le mystère de la petitesse. Nous sommes appelés comme le dit Jésus à Nicodème, à « renaître de nouveau ». Il faut naître de nouveau pour découvrir toute cette fécondité, tous ces fruits que nous sommes appelés à porter. Il nous faut descendre de notre piédestal, il nous faut retrouver un cœur d'enfant. Il est bon de découvrir le lien entre notre propre fécondité et l'appel à redevenir comme un enfant. C'est bien la voie qui nous est offerte à l'Arche.

Le pauvre et l'enfant

Si parfois il est douloureux de découvrir son propre cri, ses blessures, il est au contraire très doux de découvrir en soi-même cette dimension d'enfant. C'est très doux de la découvrir au contact des pauvres et aussi au contact des enfants qui vivent dans nos communautés. Il y a souvent des liens très forts entre les pauvres, ces hommes et femmes ayant un handicap, et les enfants.

Le pauvre a un cœur d'enfant et l'enfant est proche du cœur du pauvre. Le pauvre est proche des petits, car il est petit lui-même. Il est touchant de voir le contact entre les enfants et le pauvre, les enfants du moins que les parents laissent rencontrer le pauvre sans barrière.

□ Témoignage

Mariés depuis sept ans et ayant quatre enfants dont l'aîné avait sept ans, ce fut un défi pour nous de venir à l'Arche, vivre au cœur d'un ensemble de foyers pour personnes très lourdement handicapées, et d'avoir pour voisins immédiats douze personnes, très handicapées physiquement et mentalement, que nous serions appelés à côtoyer chaque jour, et certains impressionnaient même des adultes non habitués à rencontrer des êtres aussi blessés. Mais, la Providence aidant, nous arrivâmes en avril 1983, à l'ouverture de deux nouveaux foyers pour des personnes ayant de lourds handicaps et de l'atelier de jour. Tout de suite, à notre grande surprise, sans aucune appréhension, nos enfants rencontraient les personnes ayant un handicap. Ils firent beaucoup plus vite que nous connaissance avec chacun. Ils se firent inviter pour des repas dans les foyers ; tout pour eux apparut « normal ». Nous n'avons pas de souvenir d'un enfant ayant eu peur ou nous ayant posé des questions embarrassantes par rapport à l'un ou l'autre. Tout de suite une communion s'est établie. De plus, comme notre appartement est situé au-dessus de l'atelier et qu'il est peu insonorisé, nous entendons fréquemment les nombreux cris ou bruits plus ou moins naturels émis par les uns ou les autres, mais sans que cela gêne en rien notre vie quotidienne. Quelques petits faits peuvent concrétiser cela :

Gérard, qui avait vingt-neuf ans à son arrivée à l'Arche, avait passé vingt-sept ans de sa vie à l'hôpital psychiatrique. C'est un homme qui ne parle pas, ne marche pas, qui est souvent dans son monde, mais avec qui, par ailleurs, quand il est en forme, on peut avoir une véritable relation. Les premiers mois passés à l'Arche furent très pénibles ; l'ambiance, le cadre, l'attention que lui portaient les assistants lui devinrent insupportables, il criait, s'automutilait et, après trois mois, il manifesta son désir de retourner à l'hôpital psychiatrique. Pendant ce temps-là et sans savoir pourquoi, notre petite Bernadette, alors âgée de cinq ans, se prit d'amitié pour lui. Elle nous disait fréquemment : « Gérard, c'est mon copain. » Elle allait souvent lui rendre visite et Gérard se montrait très sensible à sa présence. Elle fut attristée par son départ à l'hôpital, elle nous demandait d'aller lui rendre visite là-bas. Le temps passa, et Gérard allant mieux, la question se posa de son retour. Les assistants étaient anxieux à cette idée, craignant de passer des moments difficiles à nouveau avec lui. Bernadette ne cessait de dire : « Moi, je sais qu'il reviendra, Gérard. » Et nous de lui demander : « Comment le sais-tu ? — Parce qu'il a une copine — Et qui est-elle ? — Eh ! bien, c'est moi ». Elle encouragea les assistants à accueillir Gérard à nouveau, et Gérard rentra au foyer à la grande joie de Bernadette.

Nicolas[1] était un petit bonhomme de vingt-deux ans très handi-

---

1. Nous avons parlé de ce même Nicolas plus haut (chapitres III et IV).

capé, aveugle, sourd-muet, très angoissé, de la taille d'un enfant de huit ans. Pendant les neuf mois où il a vécu dans un des foyers près de chez nous, il a beaucoup souffert. Marie-Claire notre aînée (huit ans), se lia d'amitié avec lui ; et si les repas à côté de lui n'étaient pas faciles - car il se servait dans nos assiettes et remuait beaucoup - Marie-Claire n'en éprouvait aucune gêne et n'hésitait pas à s'asseoir à côté de lui. Un jour où elle se trouvait dans son foyer, Nicolas s'étouffa et tous réalisèrent qu'il se passait quelque chose de très grave pour lui. On le transporta à l'hôpital mais il mourut en chemin. Marie-Claire en fut très touchée, mais non désespérée. Elle nous dit : « Il faut prier pour lui, maintenant il est près de Jésus, il ne souffre plus. » Alors qu'elle était malade, atteinte des oreillons, les jours suivants, elle tint absolument à aller voir Nicolas sur son lit de mort. Là, elle dit à sa maman : « Je voudrais l'embrasser. » Sa maman lui rétorqua qu'il était froid, que ce ne serait peut-être pas très agréable, mais Marie-Claire insista, l'embrassa et resta de longues minutes en silence devant lui. Une grande communion se devinait entre ces deux petits êtres si différents et pourtant si unis. Depuis, elle a toujours dans le « coin prière » de sa chambre une photo de Nicolas.

Nous fûmes aussi touchés par la manière dont Myriam, à deux ans, calmait Georges, qui a un très grave handicap, et qui criait souvent beaucoup. Elle n'avait pas peur de lui, au contraire, elle montait sur son fauteuil roulant, et l'apaisait : Georges a trente-deux ans.

Jean-Claude et Philippe sont très handicapés, ils ne parlent pas, ne marchent pas. Anne, qui a un an à peine, leur prend la main et leur fait des câlins.

Jean et Marie-Angèle

C'est pourquoi, le don des familles, le don des enfants dans nos communautés est une véritable source de vie. Dans les foyers de l'Arche, nous sommes souvent appelés à vivre entre adultes. Les enfants, quand ils viennent, apportent quelque chose qui nous fait du bien. Personnellement, étant célibataire et vivant dans un foyer d'adultes, j'ai besoin de ce contact avec les enfants. J'ai besoin de ce temps où je peux me détendre avec eux. Les enfants ont le don de nous rafraîchir, de nous donner la joie, de nous faire retrouver un « cœur d'enfant ». Notre vie à l'Arche est souvent rude, et les enfants nous aident à vivre avec plus de douceur toutes les « descentes », tous ces défis qui nous sont proposés. Nous avons besoin de ces moments où nous pouvons partager leurs joies, leurs rires.

Ne pas se prendre trop au sérieux !

Dans mon foyer, il y a Bertrand qui aime beaucoup rire, très fort, souvent pour des riens. Il nous entraîne dans son rire. Il a aussi beaucoup de finesse d'esprit ! Un jour, nous étions ensemble à un pèlerinage. Lors d'une halte sur la route, nous sommes allés nous rafraîchir, par petits groupes de trois ou quatre dans les différents cafés de la petite ville où nous nous étions arrêtés. Bertrand, Clotilde, Jean Vanier et moi-même, nous nous sommes retrouvés dans un café. Comme il n'y avait là rien à manger, Jean nous a proposé d'aller nous acheter des gâteaux ! Nous l'avons bien sûr encouragé dans sa proposition. Au bout de dix minutes passées dans l'attente de nos fameux gâteaux, Jean n'était toujours pas revenu. Je dis aux autres : « Mais qu'est-ce-qu'il fait, Jean, il nous a oubliés ? » Et Bertrand de me répondre du tac au tac avec sa grosse voix : « T'inquiète pas, il fait une conférence sur l'Arche dans la boulangerie ! » A sa répartie, j'ai éclaté de rire et tous les gens du café avec nous. Jean est arrivé sur ces entrefaites avec de beaux gâteaux et l'air radieux. En effet, il avait parlé de l'Arche à la boulangerie !

J'ai besoin de rire aussi avec Sylvie qui est à la Forestière. Sylvie ne parle pas. Elle a un très lourd handicap. Depuis quelques années, elle rit, et elle nous fait beaucoup rire. Cinq minutes de rire avec Sylvie, cela vaut trois heures de détente n'importe où ailleurs ! Nous avons besoin de découvrir les temps favorables pour vraiment rire ensemble. Le rire est très important dans notre vie, il est même nécessaire. Quand on rit, beaucoup d'angoisses peuvent disparaître !

Dans les moments que nous passons avec les enfants, avec les personnes de nos communautés, nous apprenons à redevenir comme des enfants, à redécouvrir le message de l'Évangile. Souvent nous nous prenons un peu trop au sérieux. Il nous faut redécouvrir notre « cœur d'enfant », et entendre Jésus dire à son Père en tressaillant de joie : « Je te bénis, Père, d'avoir caché ces choses aux sages et aux intelligents et de les avoir révélées aux tout-petits. »

Les secrets du Royaume

Quand on s'approche des pauvres, on découvre que le secret du Royaume leur est révélé. C'est une grande joie.

Yves vit dans une communauté de l'Arche en France. Il est très fier parce qu'il mesure deux mètres. Il n'aime pas du tout les curés, il ne pratique pas, il n'aime pas l'Église, il est loin de tout ça. Quand on fait la prière, il s'en va. L'autre jour, je me trouvais dans son foyer, et nous parlions du nom qu'ils ont choisi ensemble pour ce foyer : le Sarment. Je leur ai demandé : «Pourquoi avoir choisi ce nom ? » Et voici la réponse d'Yves : «Tu sais, le sarment, c'est l'endroit où la vie est donnée à la vigne. Tu sais, Jésus, il portait comme un sarment sur son dos. Ce sarment, c'est la croix, et c'est la croix qui donne la vie. » Je regardais Yves et je me suis dit : «Oui, vraiment les secrets du Royaume sont révélés aux tout-petits, aux pauvres. Ils sont des intuitions, des lumières qui nous dépassent et qui viennent directement de Jésus, du Saint-Esprit. »

A la suite du pauvre, chacun de nous est appelé à devenir comme un enfant, et par là à entrer dans le mystère de la vie de Dieu, qui veut nous prendre dans son intimité. C'est un grand secret : quand nous pénétrons dans la vie d'intimité avec le pauvre, nous sommes vraiment appelés à pénétrer dans la vie de Dieu, dans la vie du Père, du Fils, de l'Esprit. C'est quelque chose de très doux, que l'on découvre avec les personnes ayant un handicap, comme avec les enfants, c'est quelque chose qui nous est donné souvent de manière très simple à travers eux.

Notre Père

En général, chaque soir, dans les foyers de l'Arche, on fait la prière ensemble, souvent à la fin de la veillée, et ceux qui le veulent y participent. Nous avons besoin de terminer ainsi notre journée sous le regard de notre Père, sous le regard de Jésus et la protection de Marie.

C'est la plupart du temps une prière très simple, très dépouillée, spontanée. Ce qui me frappe toujours, c'est qu'à travers nos moyens si pauvres, nos expressions souvent si maladroites, Dieu se donne à nous, Jésus vient parmi nous. « Que deux ou trois soient réunis en mon nom, je suis au milieu d'eux » (Mt 18, 20). Jésus ne nous demande pas de faire de belles prières, ni d'exprimer des choses compliquées. La seule chose qu'Il nous demande, c'est de nous réunir en son nom - et Il vient, Il est là, Emmanuel, Dieu avec nous. Une paix descend sur chacun. Parfois, il y a de longs temps de silence. C'est bon d'être ensemble en silence sous le regard de Notre Père, de Jésus.

Je me souviens qu'à mes débuts à l'Arche, il y avait dans mon foyer tellement de crises de violence, de dépression que parfois nous restions tout juste trois à la prière. Mais j'aspirais à ce moment comme à l'Eucharistie, je savais que dans cet « impossible » que nous vivions, Jésus viendrait nous redonner sa paix. En général, dans la pièce où nous avons vécu la soirée, nous éteignons la lumière nous allumons la petite bougie et nous prions Jésus. « Oh ! oui, viens, Jésus, nous donner ta Paix pour cette nuit, ta Force pour continuer demain. » Et, quoi qu'il arrive, Jésus est là, toujours fidèle au rendez-vous. « Je vous laisse ma paix, c'est ma paix que je vous donne » (Jn 14, 27).

Je crois que l'Arche n'existerait plus aujourd'hui si, dans nos foyers, nous n'avions pas la prière. L'Arche cesse de respirer quand, dans nos foyers, nous n'avons pas chaque soir, ou au moins régulièrement, ces moments où, ensemble, Jésus vient nous visiter, nous dit de continuer la route.

Pendant des années, dans les foyers, on entend des hommes et des femmes formuler presque tous les soirs la même intention : « Je prie pour ma grand-mère. » « Je prie Jésus pour mon père et ma mère qui sont partis au ciel, pour mon frère qui est tout seul. » Quelquefois, l'un ou l'autre en a un peu assez de toujours entendre la même chose ! Jésus ne se lasse pas de cette prière des pauvres. Il doit sourire et être heureux en entendant chaque soir ces mêmes intercessions.

Il y a aussi la prière de ceux qui ne parlent pas, qui ne peuvent parler, qui ne sont que présence. Ils appellent très fort la présence de Jésus sur nous, sur notre communauté. Jésus se rend présent par eux ; et pour beaucoup d'assistants qui ne le connaissaient pas et dont les yeux s'ouvrent comme ceux des disciples d'Emmaüs, comme ceux de Marie-Madeleine au sépulcre. Ainsi, la présence de Jésus se révèle, se donne aux uns et aux autres dans le secret des cœurs. Et la longue marche commence désormais pour eux avec Jésus, avec Jésus découvert, révélé par la présence des petits et des pauvres.

Alors Jésus peut nous parler, nous emmener où il veut. Notre cœur a été ouvert par le contact avec les pauvres, par cette vie avec les personnes ayant un handicap, et nous pouvons entendre Jésus nous parler. Jésus a toujours un message à nous dire. Il faut seulement être prêt à l'entendre, et le pauvre - la vie en vérité avec lui - nous y prépare : « Ouvre nos oreilles et nous entendrons. »

XI

APPEL À LA FÉCONDITÉ

Le Tout-Puissant qui s'est fait impuissant

En vivant dans une communauté de l'Arche, nous sommes appelés à pénétrer dans le mystère du Dieu tout-puissant qui s'est fait impuissant. Cette grande aventure où Dieu, qui a créé le ciel, le soleil, tout notre univers si beau, si grand et si petit, a voulu se faire lui-même tout petit et venir vivre dans le sein d'une femme. Il a voulu habiter en Marie. C'est un mystère que nous n'aurons jamais fini de contempler, un mystère qui nous dépasse de toutes manières et qui nous émerveille. L'Annonciation est cet événement qui rouvre toute la vie de l'humanité sur Dieu, ce moment où chacun de nous, chaque homme et chaque femme redevient pleinement homme ou femme par le fait que Jésus, Fils de Dieu, est venu dans notre chair, nous sauver. Ce moment de l'Incarnation est un des plus grands moments, pour ne pas dire le plus grand moment de notre humanité. C'est un moment que chacun de nous est appelé à contempler parce que chacun de nous est appelé à devenir ce nouvel homme, cette nouvelle femme, créés à l'image de Dieu.

Devant cette magnificence de Dieu qui a pris notre chair, qui est devenu un des nôtres, nous sommes plongés dans l'émerveillement et nous sommes entraînés par lui à entrer dans ce mouvement de la vie de Dieu.

Dieu a choisi que son Fils vive tout le cycle de notre vie humaine. Jésus aurait pu apparaître à trente ans, venir sur terre étant déjà un homme fort, un homme grand et beau. Dieu a choisi pour son Fils de suivre le cycle de la vie humaine. Jésus a choisi d'habiter dans le sein de Marie. Face à notre humanité d'aujourd'hui, nous avons besoin de contempler Jésus commençant sa vie comme chacun de nous, dans le sein d'une femme. C'est important, à notre époque plus que jamais, de croire en ce mystère. Dans le monde d'aujourd'hui, il y a tout un mouvement en faveur de la contraception, d'une contraception qui va contre le rythme de la vie. Il y a aussi un courant d'opinion et des lois qui de fait tendent à tuer dès son origine la vie humaine. Dans toutes nos civilisations, surtout les civilisations des pays riches, il y a un développement très puissant qui encourage non seulement la contraception, mais aussi l'avortement : on hésite de moins en moins à tuer la vie de l'enfant dans le sein de sa mère.

Et quand on tue la vie dès l'origine, on met en œuvre un mouvement de destruction qui ne respecte plus rien. En détruisant la vie de l'embryon, en décourageant les femmes d'avoir des enfants, on déclenche tout un processus de destruction de tout l'univers. On comprend dès lors l'importance des mouvements écologistes, qui manifestent un respect de la vie et de la nature. Il est bon que beaucoup de jeunes s'y engagent.

Dans ce domaine du respect de la vie, chacun de nous a pu être témoin d'événements significatifs. Une amie me disait dernièrement que, lorsqu'elle a commencé à attendre son quatrième enfant, ce fut une grande joie pour elle et son mari, et pour ses autres enfants. Mais lorsqu'elle est allée voir son médecin, la première chose qu'il lui a proposée, c'est de ne pas garder son enfant. Elle en avait été profondément scandalisée, et je la comprends ! C'est terrible, c'est fou de voir que dans nos pays riches, quand une femme a déjà trois enfants, il lui est proposé de supprimer le quatrième. Le fait n'est pas extraordinaire, c'est une situation courante.

Quand nous sommes confrontés à tout ce mouvement qui s'oppose à la vie, nous avons besoin de revenir à la contemplation de la vie de Jésus, du Fils de Dieu, choisissant de vivre comme nous tout le cycle de notre vie humaine. Il est indispensable aujourd'hui de regarder le mystère concret de l'Incarnation, et d'avoir foi en cette vie que Dieu nous a donnée.

La vie, l'appel à la vie, est donné à chacun de nous. Jésus veut donner à chacun la vie en plénitude. Jésus nous donne toute sa vie pour que nous-mêmes nous portions des fruits. Il dit : « La gloire de mon Père, c'est que vous portiez beaucoup de fruits. » Il a des mots très durs pour ceux qui ne portent pas de fruits : « Tout sarment qui ne porte pas de fruits, on le coupe et on le jette au feu, et il brûle. »

Nous sommes tous appelés par Jésus à porter des fruits, à être féconds. Cet appel est vraiment lancé à chacun de nous, selon sa vocation propre. Dans les communautés de l'Arche, nous en sommes témoins, les hommes et les femmes ayant un handicap entendent cet appel à la fécondité. Cette fécondité n'est pas nécessairement une fécondité biologique ; elle est aussi et surtout de donner la vie qui est l'amour, l'espérance, de donner la vie qui est l'Esprit Saint.

La souffrance du pauvre

Dans nos communautés, les hommes et les femmes avec qui nous vivons ne sont pas appelés, sauf rare exception, à connaître une fécondité selon la chair. Ils ne sont appelés ni à se marier, ni à faire de grandes choses. Mais ils sont appelés eux aussi à être fécondés, à donner la vie, à « porter des fruits ». Ils ont vraiment besoin de trouver leur fécondité.

Le fait de ne pouvoir donner la vie selon la chair est vécu souvent de façon très douloureuse dans nos communautés. Beaucoup d'assistants seront appelés à se marier, à fonder une famille. Certains seront appelés à vivre à l'Arche dans le célibat. Tous doivent entendre le cri des hommes et des femmes avec qui nous vivons et qui ne peuvent se marier. Ceux-ci ont besoin que nous entendions leur cri, ils ont besoin de pouvoir dire leur souffrance de ne pouvoir se marier. C'est une souffrance difficile à partager.

Un homme de mon foyer (nous sommes ensemble depuis dix-sept ans) m'a demandé un rendez-vous pour me parler de sa souffrance. Dans son langage, il m'a posé les questions qui l'habitent : « Pourquoi est-ce que je ne peux pas me marier ? Pourquoi tel ou telle se marie ? Pourquoi lui qui est assistant, il peut se marier, pourquoi pas moi ? »

Dans nos foyers de l'Arche, nous avons souvent la joie d'accompagner telle ou tel assistant dans cette voie du mariage. Mais c'est aussi pour certaines personnes avec un handicap l'occasion d'une grande blessure.

Il était important pour cet homme de mon foyer de pouvoir me dire : « Pourquoi lui ? Pourquoi pas moi ? Moi, j'aime telle femme de la communauté, pourquoi je ne peux pas me marier avec elle ? » Cet homme est très pauvre intellectuellement et psychologiquement. Quelque part en lui, il sait bien qu'il ne peut pas se marier. Après m'avoir posé ces questions, il m'a regardée. Je n'avais pas grand-chose à lui dire. Devant de telles questions, il n'y a pas grand-chose à dire : « Pourquoi lui, pourquoi pas moi ? » La réponse ne m'appartient pas, j'ai surtout à porter cette souffrance cachée. Il m'a regardée, il a bien vu que je n'avais rien à lui répondre. Il a pris mes mains pour les mettre sur sa tête en signe de protection. Nous sommes restés un moment en silence, puis il m'a encore regardée en disant simplement les noms de toutes les personnes dans la communauté qu'il aime beaucoup. Il m'a cité tel homme, telle femme, tel assistant avec qui il a un lien très fort. Il a ajouté : « Tous ceux-là, ils m'aiment beaucoup. » J'ai dit oui. Il est parti. Je crois qu'il comprenait que nous avons à porter ensemble cette souffrance qui est en lui.

Le célibat à l'Arche

Dans notre vie à l'Arche, nous pouvons être appelés à partager le sort des pauvre, des hommes et des femmes qui ne peuvent pas se marier, qui ne peuvent porter la responsabilité du mariage. Dans le célibat à l'Arche, il nous est donné quelque chose de très fort, de très grand : nous partageons en quelque sorte la condition de ces hommes et de ces femmes qui n'ont pas choisi, eux, de ne pas se marier, qui n'ont peut-être pas été appelés directement par Jésus à ne pas avoir de famille, de mari ou de femme, d'enfants, et qui vivent cette souffrance sans la comprendre. Nous sommes vraiment appelés à partager cela avec eux. Cela donne à notre célibat dans l'Arche un sens très grand, très spécial. Le partage de cette souffrance crée un lien qui est très intense, et qui donne beaucoup de vie.

Les hommes et les femmes sont très exigeants pour nous, les assistants, par rapport à notre propre vie affective et sexuelle. D'une manière ou d'une autre, ils demandent à chacun « Qui es-tu ? Comment assumes-tu ta vie affective et sexuelle ? » Ils ont besoin qu'on leur donne une réponse claire. Ils ont besoin qu'on se situe face à eux. En ce qui concerne notre appel vers le célibat ou le mariage, ils ont vraiment besoin que, dans tout ce domaine, nous soyons vrais avec les exigences que la vie chrétienne propose.

Notre quotidien à l'Arche se situe dans une vie relationnelle très intense, une vie qui nous tient très proches les uns des autres, et où tout appelle à la relation.

Dès les débuts de l'Arche, en 1964, des hommes et des femmes sont venus vivre comme assistants dans la communauté. Le premier foyer de l'Arche a accueilli uniquement des hommes handicapés. Quelques années après, on a créé un foyer de femmes, puis des foyers mixtes d'hommes et de femmes ayant un handicap.

L'état de dépendance des personnes nous fait pénétrer très vite dans l'intimité de leur vie. Dans les foyers pour personnes très lourdement handicapées, on demande aux assistants qui y viennent de vivre d'abord un mois avec les personnes, de faire connaissance avec elles avant de commencer à approcher leurs corps dans une relation plus intime, plus individualisée, en s'occupant de leur lever, de leur coucher, des toilettes et des bains. Vivre ainsi ensemble dans les foyers, entrer ainsi en contact avec l'intimité du corps des personnes, c'est quelque chose de très particulier, de très fort. Cela demande de la part de l'assistant, de l'assistante, une approche très délicate. Cela leur demande d'être très sensibles à ce que vit la personne. Certaines personnes ayant un handicap vivent bien le fait d'être accompagnées et aidées dans ce domaine aussi bien par des hommes que par des femmes. Pour d'autres, nous sentons très bien que l'approche de leur corps pour la toilette ou le bain doit être faite par quelqu'un du même sexe, et quelqu'un qui ait déjà toute une maturité dans ses relations avec elle. Cette vie d'intimité avec les personnes tient une place plus ou moins grande suivant le degré de handicap et suivant les difficultés de chacun.

Mais c'est un élément important dans l'ensemble de notre vie à l'Arche.

Le fait de venir partager nos vies avec des personnes dépendantes nous insère tout de suite dans un réseau de relations très intenses. Après avoir reçu la « gifle » de Claude, je ne vivais plus avec lui de la même façon. Il me demandait de ne pas jouer la comédie devant lui, il me demandait d'être moi-même, d'être vraie, de ne pas faire comme si je ne voyais pas sa misère, son angoisse. Il ne me demandait pas de paroles, il me demandait de pénétrer dans ce qu'il y avait d'angoissant et de plus intime en lui : sa souffrance. Cette souffrance était directement liée à sa relation très perturbée avec ses parents. Claude a dû quitter la communauté, mais un lien profond demeure entre nous. Il m'a emmenée trop loin dans son intimité pour que je puisse l'oublier.

Il y a un défi dans cette proximité quotidienne où sont plongés ensemble des hommes et des femmes, les assistants et assistantes qui viennent souvent avec des motivations et des exigences différentes. Les assistants sont appelés à assumer ensemble les hommes et les femmes handicapés de leur foyer. Parfois un assistant homme et une assistante femme sont appelés à être responsables d'un foyer, et par suite à avoir un peu un rôle de père et de mère par rapport aux personnes qui ont un handicap. Cette vie relationnelle intime est un défi pour chacun de nous ; elle nous incite à répondre en vérité à notre appel : vers le mariage, ou vers le célibat. Dans ce domaine, beaucoup d'assistants sont en recherche, en attente, car cette recherche de vie prend normalement du temps. Mais les hommes et les femmes avec qui nous vivons posent l'exigence d'une très grande clarté. On doit être vrai avec eux.

Cette exigence est difficile à vivre, parce que chacun de nous porte souvent des blessures profondes, chacun a été souvent meurtri dans ce domaine de sa vie affective et sexuelle... Nous arrivons à l'Arche avec tout notre vécu, nos expériences, nos blessures. Elles sont parfois très cachées, mais elles sont là. La vie avec les pauvres nous amène à faire la lumière dans tout ce que nous vivons et en particulier sur ce point. Le livre de Jean Vanier, *Homme et femme Il les fit*[1], nous aide à vivre le défi de cette vie communautaire entre hommes et femmes, proches les uns des autres, assumant ensemble des personnes qui ont un handicap. Chacun de nous a besoin d'être éclairé sur ce qu'il vit. Il est nécessaire d'être accompagné, d'être soutenu au milieu des exigences qui nous sont proposées et que nous voulons vivre. L'appel à vivre le célibat à l'Arche a particulièrement besoin d'être soutenu. La vie des communautés de l'Arche dépend pour une grande part de la façon

---

1. *Homme et femme Il les fit*, Jean Vanier, Éditions Fleurus.

dont les assistants assument leur vie affective et sexuelle. En général, les communautés où cette vie de relations entre hommes et femmes est portée ensemble sous la lumière de Jésus, sont des communautés qui vont bien. La vie y est donnée. Ces communautés portent des fruits.

Quand nous, les assistants, nous ne sommes pas clairs dans nos relations, il se crée des situations de tension. Les hommes et les femmes avec un handicap ont des « radars » beaucoup plus puissants que les nôtres, et même s'ils ne peuvent pas mettre des mots sur ce que nous vivons ou sur ce qu'ils pressentent, ils savent très bien détecter ce qui leur donne la vie et ce qui les met au contraire dans le trouble et l'insécurité.

Accepter de faire la lumière dans nos vies, accepter de nous faire accompagner dans le domaine de notre vie affective et sexuelle, c'est un appel que nous recevons quand nous venons partager nos vies avec les pauvres. C'est un appel à trouver notre véritable fécondité, que ce soit dans la voie du mariage ou celle du célibat.

C'est une grande joie de contempler la fécondité qui peut nous être donnée à l'Arche auprès des pauvres et qui peut être donnée aux pauvres. C'est une fécondité très grande, qui nous dépasse, chacun, et dont le monde a besoin. C'est une fécondité qui donne une plénitude à notre vie.

□ **Témoignage**

Je suis arrivé à l'Arche à vingt-huit ans, mystérieusement attiré par un monde que je ne connaissais pas. La question du mariage ou du célibat ne me préoccupait pas vraiment. La vie quotidienne avec Georges, Jacques, Lucien et les autres, au foyer où j'habitais, allait prendre l'essentiel de mes énergies vitales. Leurs blessures affectives, leurs peurs, mais aussi la simplicité de leur cœur m'introduisaient dans un univers relationnel aux dimensions nouvelles !

En me mettant souvent à l'épreuve, en me donnant aussi leur confiance, ils m'invitaient à aimer et à pardonner en vérité, avec patience, en respectant leur souffrance, en acceptant leur différence. Ils me montraient aussi mes limites et mes propres blessures affectives. Grâce à eux, je rentrais en contact avec des zones de moi-même que j'ignorais. Avec les années, une complicité et une solidarité profonde au niveau du cœur s'est établie entre nous. Quand les choses vont bien, ils m'apprennent à rendre grâce. Quand elles vont plus mal, ils m'entraînent dans leur cri vers le Dieu d'Amour et de Miséricorde.

Progressivement, le foyer est devenu ma maison. Je sais pourtant que la communauté peut me demander de le quitter pour répondre à d'autres besoins. L'Arche me donne tous les jours quelques frères et sœurs avec qui je partage de façon très intense la réalité et la lutte quotidiennes. Mais grâce aux liens tissés avec ceux qui vivent la même réalité ailleurs dans le monde, je suis introduit en même temps dans une sorte de fraternité universelle.

Au cours de retraites, puis grâce à l'accompagnement spirituel d'un prêtre, j'ai pu vérifier que ce que je vivais dans le célibat était la façon dont Jésus me demandait d'aimer et de me laisser aimer durablement. Je n'ai pas choisi le célibat pour le célibat, mais je sens que j'ai été conduit sur cette voie. C'est avec beaucoup de joie que je l'accueille comme un don. Mes frères et sœurs avec un handicap m'appellent à y être fidèle. En même temps, ils me montrent le chemin...

A l'Arche, il m'est parfois donné de vivre dans le célibat des amitiés très profondes. Je reçois beaucoup des femmes de la communauté. J'ai absolument besoin de leur présence pour être complété. Quand il m'est demandé de porter des responsabilités, je trouve très riche de pouvoir les partager avec elles. Ce sont elles qui me révèlent mes dons en tant qu'homme, qui m'aident à épanouir ma masculinité. En portant ensemble des personnes faibles, nous vivons quelque chose de la paternité et de la maternité. J'ai aussi besoin d'être proche des membres mariés de la communauté. Les exigences du sacrement de mariage m'aident à vivre le défi du célibat. Les deux vocations doivent être vécues à l'Arche pour que l'œuvre de Dieu puisse s'y réaliser.

Cette proximité avec le pauvre, dans une communauté mixte, en complémentarité avec des couples, est source d'épanouissement affectif. Ces liens fraternels me donnent la vie parce qu'ils ne sont pas fondés sur des faux semblants, mais sur nos pauvretés réciproques. Ils me renvoient à ma relation avec Jésus, le vrai Pauvre. Ils m'appellent à le reconnaître comme l'Unique, comme l'Époux. Si je n'ai pas une vie d'intimité avec lui, ce chemin du célibat devient une route glissante où les dérapages sont aisés.

Je souffre parfois de sentir que ce célibat n'est pas reconnu dans la société. Seuls les pauvres le reconnaissent. Je constate que je peux le vivre, dans la mesure où je suis fidèle à cette alliance avec le pauvre, où je reste ouvert à des amitiés profondes, où je laisse dans ma vie un espace suffisant pour vivre une relation personnelle avec Jésus. J'ai besoin de la prière, de la Parole de Dieu, du prêtre et des sacrements de l'Église pour pouvoir vivre cet appel.

Alain

QUATRIÈME PARTIE

L'ARCHE,
UNE VIE D'INTIMITÉ
AVEC LE PAUVRE

XII

LE PAUVRE EST DÉPENDANT

Qui dit pauvre dit dépendant. Etre dépendant signifie avoir besoin de l'autre pour les choses de la vie. Il y a beaucoup de degrés possibles dans cette dépendance : celle du petit enfant n'est pas celle du vieillard.

Le petit enfant vit dans l'intimité de ses parents parce qu'il est dépendant d'eux, parce qu'il a besoin d'eux. Quand il deviendra autonome, adolescent, adulte, progressivement il quittera cette vie d'intimité avec ses parents, cette vie de dépendance. Un enfant reste bien sûr toute sa vie uni à ses parents, mais quand il grandit cela prend des formes très différentes. Parents et enfants n'ont plus besoin de vivre ensemble sous le même toit.

Ce qui est caractéristique chez la personne qui a un handicap, c'est que dans la majorité des situations, même s'il y a une évolution très positive, elle restera avec son handicap toute sa vie. Et donc elle restera dans un certain sens dépendante toute sa vie. C'est bien pourquoi nous essayons de faire que les communautés de l'Arche puissent accueillir jusqu'à la fin de leur vie les personnes qui ont un handicap. Si quelques personnes deviennent capables de quitter la vie en foyer avec des assistants pour vivre seules dans un appartement, elles ont encore très souvent besoin d'être accompagnées par des membres de la communauté et par des amis. Cet accompagnement est souvent intensif et demande beaucoup de temps. Quand on parle d'autonomie des personnes, il faut regarder de près ce que cela signifie. De toutes façons, les personnes qui peuvent quitter les communautés pour se prendre en charge représentent un tout petit pourcentage.

Cet état de dépendance intellectuelle, physique, affective, sociale des personnes fait que nous venons non pas d'abord à l'Arche pour nous mettre à leur service, mais d'abord et surtout pour partager nos vies avec elles, pour entrer dans une intimité de vie qui est vécue un peu comme celle d'une famille. La famille existe parce que les enfants ont besoin de leurs parents, parce que les enfants sont dépendants de leurs parents. Si nous naissions adultes, autonomes, nous n'aurions pas grand besoin de la famille. L'état de dépendance des personnes accueillies a dès l'origine établi l'Arche comme communauté, comme famille.

Comme l'enfant a besoin de ses parents pour vivre, la personne avec un handicap a besoin des assistants pour vivre. Elle a besoin qu'ensemble nous créions cette petite cellule de vie : le foyer, la communauté.

Dire que la personne a besoin, pour vivre, des assistants, ce n'est pas magnifier le rôle de l'assistant, c'est dire simplement ce qui est, notre réalité de base. Cette réalité nous est donnée, nous est livrée ainsi. Chez la personne ayant un handicap, le besoin vital qu'elle a de l'assistant est quelque chose de premier. Au niveau du travail, le besoin est un peu semblable : elle ne peut travailler sans aide. En France, les lieux où les personnes ayant un handicap réalisent un travail s'appellent de façon significative des « Centres d'aide par le travail ».

Trouver le bon rythme

La fondation de nos communautés ne se fait pas autour d'une règle de vie, mais autour de personnes. A partir des personnes accueillies, la communauté se fonde et se construit, elle prend racine. La communauté prend sa forme, sa physionomie, son originalité à partir des personnes qui la composent, souvent à partir des personnes qui ont été accueillies à l'origine. Ce sont les besoins de la personne qui a un handicap qui dictent en quelque sorte le mode de vie, la façon de vivre de la communauté. Dans la petite communauté de Béthanie, Rula, qui a été la première personne accueillie, a marqué et orienté la façon de vivre dans la maison. C'est elle qui nous a montré les temps nécessaires pour la vie ensemble, les temps nécessaires de solitude. Les premiers mois surtout, la vie était rythmée par son lever, ses couchers, sa toilette, son apprentissage pour aller aux toilettes, par les repas, les temps personnels, les temps de jeu avec elle, les temps de détente et de contact, les temps de solitude. Quand on se retrouve après le dîner pour la veillée, l'un ou l'autre prend la guitare et chante. Rula, qui est musulmane, aime beaucoup la musique, elle aime les temps de paix où on se met ensemble sous la protection de Dieu.

Les personnes ayant un handicap avec qui nous vivons dans les foyers sont si pauvres et si vulnérables que nous avons à les soutenir dans ce qu'elles vivent, non seulement en leur proposant un rythme et un cadre de vie, mais aussi en étant toujours prêts à les modifier en fonction de leurs besoins. Quand nous parlons de leurs besoins, il ne s'agit pas de besoins fantaisistes. Il y a des évolutions dans leur psychisme, dans leur être, dont nous devons absolument tenir compte. Nous nous trouvons souvent devant des états de crise vécus par l'un ou l'autre. C'est ainsi dans nos communautés.

Quand j'étais responsable de la communauté, j'étais frappée de voir qu'à tout moment il y avait des personnes en crise, un foyer en difficulté. Quand certains sortaient de cet état difficile, d'autres y entraient. Du reste, il en est de même d'une certaine manière pour les assistants : il y a toujours l'un ou l'autre qui est en état de fragilité.

Les crises surviennent pour de multiples raisons, parfois des raisons que nous pensons décoder, souvent pour des motifs que nous avons bien du mal à repérer effectivement. Nous croyons que la cause des tensions c'est peut-être ceci ou cela, mais la plupart du temps, il faut bien dire que nous tâtonnons... Nous essayons, avec l'aide des professionnels dans le domaine médical et psychologique, de mettre des mots sur des symptômes, sur des manifestations dont les causes profondes souvent nous échappent.

Xavier

Un soir, je reviens dans mon foyer, je sens une tension, une fatigue générale : Xavier est en crise, me dit-on. Ces états peuvent durer plusieurs mois. Xavier a beaucoup souffert durant son enfance, son adolescence. Il a une grave épilepsie à laquelle se sont ajoutés des troubles du comportement. Xavier est arrivé à l'Arche à vingt-quatre ans. Pendant plusieurs années, nous nous sommes demandé s'il serait possible de continuer à vivre avec lui. Il ne se passait pas de jour, pas de repas, sans qu'il se produise une situation de tension, de violence physique avec lui. Pendant des années, il a mis le foyer en grande difficulté. Xavier avait vécu un très grand rejet de la part de ses frères pendant plusieurs années. Ce rejet familial lui était intolérable.

Il représentait pour lui quelque chose qu'il ne pouvait vraiment pas supporter. Comme nous ne pouvions obliger ses frères à l'accueillir, nous avons vécu ce drame de Xavier durant plusieurs années. Puis son dernier frère, une année ou deux avant de mourir, a commencé à l'accueillir. Sa belle-sœur lui est beaucoup plus ouverte et, depuis la mort de ce frère, Xavier a des contacts réguliers avec elle. La vie maintenant est plus facile pour lui, mais ce rejet familial de ses frères ajouté à tous les autres rejets qu'il a vécus, est quelque chose d'inscrit en lui, qui refait surface de façon épisodique. Nous vivons alors ces moments de crise avec lui, en tâtonnant derrière lui, devant lui, ne sachant pas très bien comment l'apaiser, le rejoindre. Ce qui est extraordinaire, c'est que Xavier a acquis maintenant une très grande sagesse. Il nous aide avec une sorte de lucidité à dépasser ses propres crises.

C'est merveilleux quand Xavier est en forme, et cela arrive souvent maintenant ; nous avons alors encore plus de joie à nous réjouir avec lui, rire avec lui, à accueillir son bon sourire qui nous fait chaud au cœur.

Nous goûtons encore plus ces moments-là en nous rappelant tous les moments difficiles que nous avons vécus ensemble, et à travers lesquels se sont tissés des liens si fort avec lui.

Décoder les besoins de chacun

Il fut un temps, et cela a duré plusieurs années, dans le foyer du Val où je vis, où l'équilibre général des uns et des autres était très fragile, et l'état de crise de l'une des personnes entraînait de façon massive le reste du groupe. Ce sont des situations limites qu'il faut essayer de ne pas vivre trop longtemps. Mais parfois, il faut en passer par là. Cela peut même durer plusieurs années. Pour le Val, il a fallu de très nombreuses années pour qu'une véritable paix s'établisse dans le groupe. Des personnes très difficiles avaient été mises ensemble dès le début, et cela donnait un groupe explosif. Il a fallu longtemps pour l'alléger. Maintenant, c'est un beau foyer. C'est un groupe dans lequel règne la paix, et quand l'un ou l'autre est en état de difficulté, cela ébranle moins l'ensemble du groupe. Je crois qu'il y a assez de paix chez chacun pour que si quelqu'un va mal, cela ne crée pas une situation de crise générale. Il y a même maintenant une entraide, une compassion extraordinaire entre ces hommes ayant un handicap. Certains vivent ensemble depuis plus de quinze ans. Ils ont des délicatesses de gestes, de mots entre eux si touchants. Quand Joseph est angoissé, il faut voir Paul prendre sa tête sur son cœur et l'embrasser, le caresser, en lui disant : « T'inquiète pas, mon p'tit Joseph, ça va aller mieux. » Et Joseph de répondre : « Oui, Paul », en opinant de la tête. Les hommes se font moins peur les uns aux autres dans les états de crise, ils ont trouvé plus de sécurité personnelle, plus de paix, plus de confiance en eux et dans les autres.

Mais il reste que nous sommes toujours dépendants de leur état du moment. Cela crée souvent un rythme de vie assez déconcertant pour les personnes qui sont habituées à un rythme régulier, à un programme plus précis. Par exemple, les personnes avec qui nous vivons, comme aussi parfois les assistants, ont besoin de dormir longtemps le samedi matin. Quelqu'un comme Xavier, pendant le week-end ou en vacances, peut dormir facilement jusqu'à onze heures. Il en a besoin. C'est une façon bien connue de récupérer nerveusement. Une personne qui est venue récemment passer une quinzaine de jours avec nous, et qui n'est plus très jeune, était tout à fait déroutée par ce rythme. Nous l'entendions dire souvent : « C'est pas sérieux. » C'est vrai, mais ce qui est vrai surtout, c'est qu'il faut faire avec le rythme de

Xavier, avec le besoin de son corps, de son psychisme qui est bien particulier, et avec le besoin de chacun. Même si cela est déroutant, il est nécessaire de suivre son rythme, de ne pas lui imposer le nôtre. Le travail que nous faisons avec les professionnels nous aide beaucoup dans ce sens à essayer d'entendre, à objectiver les besoins profonds des personnes, les besoins de leur corps, de leur psychisme, et à ne pas mettre toujours en avant nos propres repères et nos schémas habituels.

S'il y a un rythme particulier à découvrir pour chacun, cela ne veut pas dire que les personnes handicapées ont une vie sans exigences, sans repères, sans discipline personnelle. Bien au contraire. Les personnes ont besoin d'un cadre stable, de repères, mais en même temps, elles ont besoin qu'à travers cela, on écoute leurs besoins. Nous adaptons les conditions de vie à leurs besoins ponctuels comme aux situations de fatigue particulière, de difficultés plus grandes. Parfois, il ne faut rien changer, il faut maintenir les exigences, parfois il faut presque tout changer et être prêt à mettre en route, pour une personne, toute une nouvelle façon de vivre.

Là encore, le travail avec les professionnels est indispensable. Ils nous aident à décoder, à comprendre un peu ce que les uns et les autres nous disent par leur comportement, par leurs troubles psychiques. Ils nous aident à voir ce que nous devons changer, rectifier dans la vie, dans nos propres attitudes et dans le travail que nous proposons aux personnes ayant un handicap. Leurs compétences sont essentielles. Combien de fois sans eux nous aurions fait des erreurs graves, pour les personnes, par exemple, sur la possibilité ou non de les garder à l'Arche.

Une communauté de l'Arche ne peut vivre longtemps sans recourir à des professionnels dans le domaine médical, psychologique, psychiatrique. Eux-mêmes par leurs interventions directes auprès des personnes ayant un handicap : entretiens, mise en place et suivi des traitements chimiothérapiques, travail avec les assistants dans le cadre de synthèses, de réunions d'équipe, apportent une aide indispensable pour les communautés[1]. Ils nous permettent de mettre en place la pédagogie et les thérapies nécessaires. Une partie de la formation pédagogique et thérapeutique des assistants est donnée à travers le travail que nous faisons avec eux.

---

1. « La thérapie à l'Arche », *Lettres de l'Arche*, n° 52, juin 1987.

XIII

L'INTUITION DE L'ARCHE

Habiter ensemble

L'intuition fondatrice de Jean Vanier, c'est d'avoir pris Philippe et Raphaël chez lui, d'avoir voulu habiter avec eux le même foyer, la même maison. En prenant le pauvre dans notre intimité, nous accueillons Jésus. « Celui qui accueille un de ces petits en mon nom m'accueille, et celui qui m'accueille accueille celui qui m'a envoyé » (Lc 9, 48).

Jean, en suivant cet appel de prendre chez lui Philippe et Raphaël, ces deux pauvres anonymes abandonnés dans un hospice, ne savait pas toutes les conséquences que cela entraînerait. Ce qu'il savait, il aime à le redire souvent, c'est qu'en prenant Philippe et Raphaël de l'hospice avec lui, il faisait un acte irréversible, un acte qui le liait avec eux pour toute la vie. Philippe et Raphaël n'avaient plus de famille. En les prenant avec lui, Jean créait une famille pour eux et pour lui. Jean ne connaissait pas du tout la question des personnes handicapées mentales. Il savait que Philippe et Raphaël avaient touché son cœur, que Jésus avait créé une alliance entre eux et lui et qu'il devait être fidèle à cette alliance. Cette sorte d'alliance ne se fonde pas simplement sur un mouvement de générosité ou sur des principes humanitaires. Elle est le fruit d'une rencontre entre les personnes, une rencontre tellement intime que Jésus seul peut en faire le don tout gratuit. C'est Jésus sur sa Croix, Jésus portant toute la souffrance du monde, qui me confie ce pauvre et ce petit auxquels il s'est identifié. Un tel don est un appel, une exigence d'amour, qui unit les personnes dans l'Esprit Saint lui-même. Cette alliance a finalement sa source dans l'alliance qui est née entre Jean le disciple bien-aimé et Marie au pied de la Croix : « A partir de cette heure-là, Jean prit Marie chez lui » (Jn 19, 27).

C'est à la même alliance que nous sommes conviés à l'Arche. Vivre avec le pauvre, le prendre chez nous, dans notre intimité. Notre premier appel, ce n'est pas de le soigner, de le guérir ; c'est de demeurer ensemble dans l'amour, de partager la même vie, la même paix, d'appartenir au même corps qui est le foyer, la communauté.

Dans les communautés de l'Arche, il n'y a pas d'un côté les assistants et de l'autre les personnes ayant un handicap. C'est tous ensemble que nous sommes membres de la même famille, de la même communauté. Nous sommes membres d'un même corps. C'est cette alliance entre Jean, Raphaël et Philippe qui a fondé l'Arche. Dans cette alliance, en un sens, est contenu ce qui est spécifique des communautés de l'Arche. Nous n'avons pas fini de connaître et de découvrir les conséquences et les exigences qui en découlent. Il nous faut avancer au rythme du Saint-Esprit.

Habiter ensemble la même maison, créer une communauté ensemble, assistants et personnes ayant un handicap, voilà notre appel, car nous savons que le plus profond en nous c'est notre être d'enfants de Dieu, d'enfants du même Père. C'est tellement plus fort que les catégories, les cultures, les handicaps, d'être «fils et filles bien-aimés du Père » ! Voilà notre nom à tous, notre souche familiale. Nos racines communes. C'est à cause de cette réalité de fils et filles bien-aimés du Père que nous sommes appelés à créer ensemble une famille. La famille de l'Arche. Une famille avec son originalité, sa spécificité.

« Habiter ta maison, quelle joie ! » Une des motivations qui revient le plus souvent dans les demandes des jeunes qui veulent vivre à l'Arche comme assistants, c'est : « Je veux vivre avec la personne ayant un handicap », non pas juste travailler, être à son service, mais avoir cette expérience de « vivre avec elle ».

Dans ce « vivre avec », une des choses les plus importantes, c'est le fait d'habiter ensemble, d'avoir la même maison, le même chez soi, comme une famille. Bien sûr, cela ne va pas se faire sans quelques difficultés, de même que dans les familles. Quand nous entendons les confidences des familles, quand nous nous souvenons de notre propre vie en famille, nous savons qu'il n'est pas si simple d'habiter ensemble, de partager la même maison. Pourtant, dans une famille, il y a quelque chose de naturel, d'évident, pour des parents et des enfants, d'habiter ensemble. Pour nous, il n'en est pas de même. Rien de naturel. Il faut tout inventer, chercher les règles de notre vie ensemble, exprimer le commun dénominateur qui nous unit.

Nous habitons des maisons, des appartements qui sont habités normalement par des familles, dans des villages, des villes, des quartiers. Ce n'est pas Monsieur et Madame Untel et leurs enfants qui habitent telle maison, c'est tel foyer de l'Arche, au numéro 30 de la rue des Tilleuls, au rez-de-chaussée, à côté de Monsieur et Madame Y. Une petite famille de l'Arche habite là. A Tegucigalpa, dans le quartier de Nova Suyapa, à côté de Monsieur et Madame Y et leurs enfants, nos voisins, il y a la «Casa Nazareth » : y habitent Lita, Nadine, Raphaëlito, etc. A Washington, à Londres, à Madras, il en est ainsi. Nous retrouvons toujours cette même réalité d'une communauté de l'Arche qui se veut insérée dans un quartier, dans un village ou dans une ville.

Oui, nos maisons sont bien des maisons, des appartements comme ceux des autres familles. Habiter la même maison, cela crée tout de suite un sens d'appartenance, cela donne tout de suite une notion de famille, de partage de vie. Habiter la même maison, habiter « ta maison », c'est pénétrer dans ton intimité. Nous en avons tous fait l'expérience ; rien de tel, pour se connaître, que d'habiter ensemble. Cela a une signification très forte d'habiter la même maison.

Une maison comme les autres

Pour les personnes que nous accueillons, cette conscience d'habiter ensemble une maison comme toutes les maisons est essentielle. Elles ne sont pas dans un lieu de soins, une institution ou un centre, elles habitent une maison comme tout le monde, et là elles ne sont plus vues, regardées d'abord en raison de leur handicap.

« Parce que j'ai un handicap, parce que j'ai des difficultés, je ne vis pas comme mes frères et sœurs qui se sont mariés, qui ont créé une famille ; à cause de mon handicap, je suis condamné à vivre dans une institution, dans un hôpital. Alors, c'est d'abord mon handicap, mes difficultés qui sont mises en lumière, qui me définissent. Je suis classé par l'administration dans telle ou telle catégorie. A cause de cela, mon handicap devient mon étiquette, ma carte de visite : tel handicap, tel type d'institution, etc. Ma vie est programmée, cadrée à partir de mon handicap. Cela n'a rien de très enthousiasmant, comme entrée dans la vie, cette carte de visite : "trisomique 21", "psychotique", etc. »

Notre grand travail à l'Arche est de découvrir d'abord la personne, d'accueillir d'abord chacun comme une personne à part entière.

> « Nous croyons que chaque personne handicapée ou non a une valeur unique et mystérieuse. Parce que la personne ayant un handicap est une personne humaine à part entière, elle possède les droits de tout homme : droit à la vie, aux soins, à l'éducation, au travail. »[1]

Une fois que j'ai découvert la personne, Paul, Anne, Edith, je découvre ensuite son handicap, ses difficultés. « Je découvre d'abord ton nom, ton cœur. En venant vivre dans ta maison, dans ton foyer, je te découvre d'abord toi, Philippe, Agnès. Je découvre d'abord que tu as un sourire merveilleux, que tu as un vrai don d'accueil, que ta présence, sans parole, que ton être, me donnent la paix.

---

1. Extrait de la *Charte des Communautés de l'Arche*.

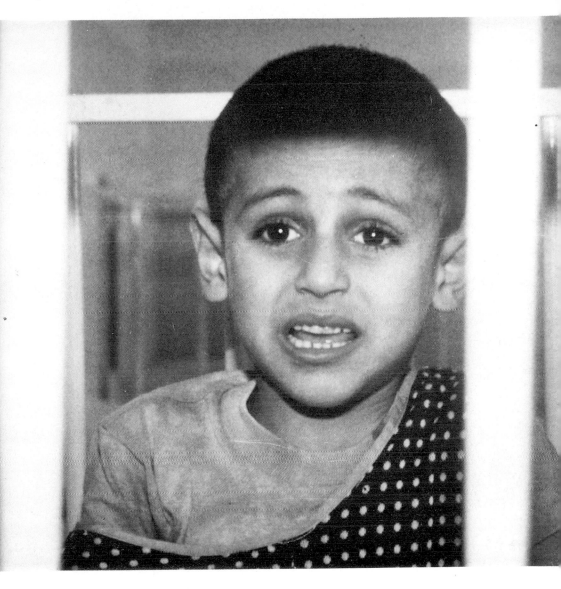

Chapitre I. Le cri du pauvre — (un enfant abandonné dans une institution).

Chapitre II. Visages de tendresse — Lucia et Armando (l'Arche à Rome).

Chapitre II. Le visage du pauvre — Visage de douleur (Michèle, l'Arche à Trosly).

Chapitre II. Visage de bonté (André).

A travers le travail, les personnes ayant un handicap retrouvent leur dignité d'hommes et de femmes à part entière (Centre d'aide par le travail. Trosly).

Chapitre III. Le drame du rejet et de l'abandon — (Maria, de la communauté du Chicco - Rome, Italie).

Chapitre IV. « Seigneur, souris-nous dans le regard de tes pauvres ». (Armando, de la communauté de l'Arche en Italie).

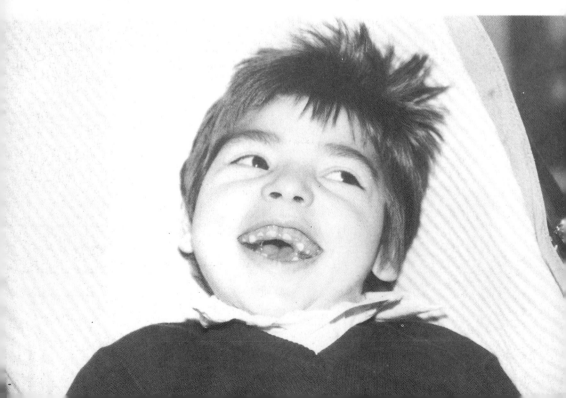

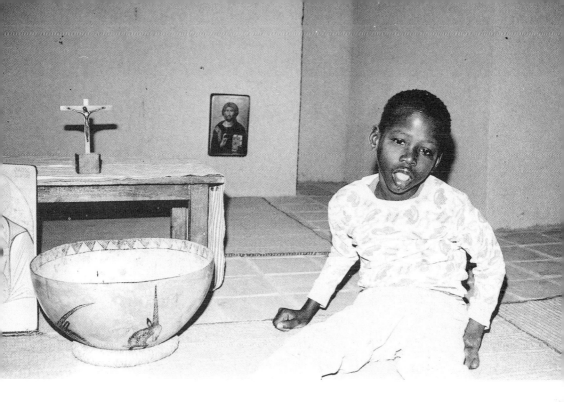

Chapitre V. « Celui qui accueille un de ces petits en mon nom m'accueille et celui qui m'accueille, accueille Celui qui m'a envoyé » — Oumou dans la petite chapelle de l'Arche à Ouagadougou (Burkina Faso).

Chapitre V. « Ne te dérobe pas de celui qui est ta propre chair » — (Loïc).

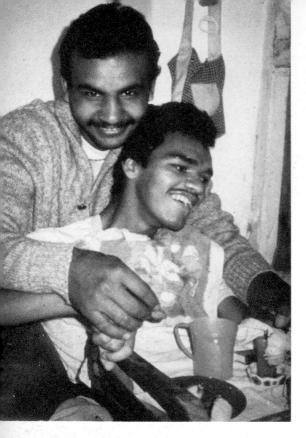

Chapitre VII. Le travail des personnes ayant un handicap avec des assistants — (José et Raphaëlito à l'Arche au Honduras).

Chapitre VII. Des jeunes de tous les pays — (Edith et Ildiko au foyer de la Forestière — Trosly).

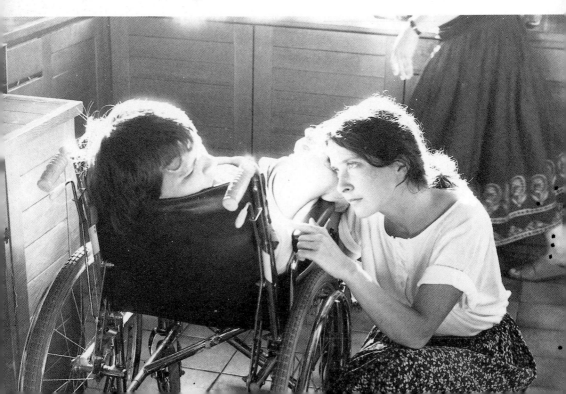

Chapitre X. Les Secrets du Royaume — (Loïc et Jean-Louis dans la chapelle de la Forestière à Trosly).

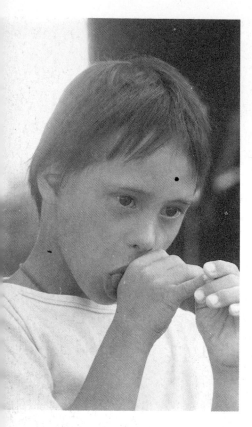

Chapitre XV. La joie de vivre avec toi, Paolo — (Paolo à l'Arche, en Italie).

Chapitre XV. Un quotidien aux dimensions du monde — (un repas au foyer de l'Ermitage à Trosly).

Chapitre XIV. «Notre pierre d'angle le pauvre» — (Bernard et Jean à Trosly).

Chapitre XV. Le quotidien — (l'anniversaire de Rulla dans la communauté de l'Arche à Bethanie, Cisjordanie).

Chapitre XVII. Le don de la communauté — (Odile, Madeleine et André à l'Arche de Trosly).

Chapitre XVII. L'Arche, une famille — (René et Fabienne au foyer de l'Ermitage, à Trosly).

Chapitre XVIII. L'Alliance « membre les uns des autres » — (Jean-Claude, Myriam, Gilbert, Bernard à l'arche de Trosly).

Chapitre XVIII. « Peuple de l'Alliance » — (une Eucharistie en plein air à l'Arche).

« J'ai l'impression que tu t'adresses à moi directement, simplement, au-delà de tout ce qui pourrait faire mon personnage, au-delà des caractéristiques et des rôles auxquels les autres s'arrêtent : telle façon de parler, de paraître, de s'habiller, etc. — Philippe, tu as l'air si bourru, si peu facile à approcher, et pourtant quelque chose en toi m'attire, tu me donnes beaucoup de paix, une paix qui vient d'ailleurs. »

☐ **Témoignage**

Jean, tu es important pour moi, et je t'aime,
   pour tout ce qu'on partage dans la journée.

Je t'aime quand tu râles quand je te réveille le matin,
   parce que ce n'est rien comparé à la façon dont moi je râle
   si on me réveille !

Je t'aime quand je te donne tes gouttes ; toi-même, tu dis
   que ce n'est pas bon, et je le sais : même que la fois
   que j'y ai goûté, j'ai dormi toute la journée.

Je t'aime au petit déjeuner quand tu mets deux sucres
   dans ton café, même quand tu en mets trois...
   quand tu tournes avec la cuiller, quand tu regardes
   la biscotte avant de la tremper.

Je t'aime quand tu enfiles ta veste, quand tu réajustes
   ta casquette... « Tu vas rater le car, Jean ! »

                « mmmm ! ! !... »

J'aime quand tu rentres le soir ; l'autre fois je faisais
   la cuisine et j'en avais marre ; et tu as levé le nez
   de ton bol, tu m'as demandé en souriant : « T'as fait,
   aujourd'hui ! ?... » et ça m'a fait du bien.

Je t'aime, même si tu laisses la porte ouverte
   quand tu vas chercher du pain,
   quand tu chantes avec la radio, même si tu chantes
   encore plus faux que moi,
   quand tu tires sur ta cigarette ; à voir ta tête, on dirait
   que tu te forces, mais moi je sais bien que ce n'est pas vrai.

Je t'aime parce que tu as un corps souffrant ; et ça,
   malgré les apparences je l'oublie souvent.

Je t'aime quand on s'enguirlande, parce que des fois
    tu n'as pas complètement tort, et tu as le droit de me le dire.

Je t'aime même si tu ne comprends pas tout...
    mais même si tu ne comprends pas tout, je te parle
    et je t'explique, et je n'ai pas le droit de ne pas le faire ;
    je n'ai pas le droit de faire semblant
    je n'ai pas le droit de t'ignorer.

Je t'aime parce que tu as de la patience avec moi,
    quand je te fais répéter 10 fois avant de comprendre
    ce que tu dis.

Je t'aime parce que tu es exigeant
            parce que tu m'apprends
            parce que tu es simple
            parce que tu es beau.

J'aime quand on marche côte à côte, quand je mets
    mon pas à ton pas, ton bras droit sur mon bras gauche,

Parce que, malgré les apparences, c'est toi qui me soutiens.

                                                    Xavier

Habiter ensemble cela veut dire aussi connaître mutuellement nos petites manies, les respecter, les porter ensemble. « Philippe, tu as besoin de balayer sans cesse les couloirs, l'escalier, ta chambre. Tu balaies si mal qu'il faut toujours recommencer ; tu rouspètes tellement en tenant ton balai que nous ne pouvons que respecter ton besoin de tenir ton balai. C'est quelque chose qui t'est nécessaire. Régis, ton don, ton art, ou plutôt ton obsession, c'est de répondre au téléphone. Quand le téléphone sonne, pour répondre à la stimulation qui résonne en toi, tu enjambes sans que rien puisse t'arrêter les chaises, les personnes, tout ce qui se trouve sur ton passage. Tu nous bouscules sans hésiter, mais pour toi, l'urgence est là. Courir pour répondre à cette sonnerie. Et alors tu réponds si bien : « Allo », et si fort qu'on l'entend dans toute la maison : « Allo, qui c'est ? » Merci pour ton empressement. Tu nous fais sourire, mais tu as raison : il faut bien savoir qui appelle ! Et pour la joie de ton interlocuteur, tu réponds toujours, après avoir débité ton petit questionnaire bien au point : « Attendez, je vais voir s'il est là. Je vais le chercher tout de suite... » Quelle joie pour toi, Régis, ce téléphone, et comme tu nous amuses aussi avec tes mimiques ! »

Gilles, lui, avec son petit air coquin, a la spécialité de faire des farces. Il inspecte : « Où t'étais ? » dit-il en ouvrant la porte, et il la referme aussitôt, tout content de voir que tu es bien là.

« Et toi, Stéphane, avec tes cassettes, comme tu sais être sympa : " J'ai mis telle cassette pour toi. Tu as bien entendu ? C'était pour toi. " Tu as raison, Stéphane, quand on habite la même maison, il faut aussi partager sa musique ».

Habiter la même maison, c'est souvent faire la cuisine, le ménage, la lessive ensemble. Cela, bien sûr, dépend des foyers et des possibilités de chacun. Il est bon aussi d'avoir du temps, sans rien faire, juste être là bien ensemble : « Qu'il est bon, qu'il est doux, pour des frères d'habiter ensemble », dit le psaume. Il y a dans les détails de cette vie si simple toute une grâce qui est donnée par le fait d'habiter la même maison. Là se trouve la base de notre vie à l'Arche. En quelque sorte, c'est « le plancher », le fond sur lequel nous construisons le reste.

Il est significatif, si nous regardons la vie de nos communautés, de constater que nous sommes tout le temps à la recherche de nouvelles maisons, soit à acheter, soit à construire, soit à louer. Dans chaque communauté, il est toujours question d'ouvrir un nouveau foyer à plus ou moins longue échéance. Si la communauté est déjà assez grande, les maisons sont transformées, refaites, arrangées. Il y a une vie incroyable autour de nos maisons.

Chaque homme et chaque femme a droit, a besoin d'avoir son « chez soi ». La reconquête de la sécurité pour les personnes ayant un handicap, leur valorisation, et leur reconnaissance en tant que personnes et en tant que handicapés, passe pour une grande part à travers cette conscience vécue par eux d'habiter une maison, d'avoir un chez soi.

Dans cette maison, il y a les espaces pour la vie ensemble, et il y a l'espace pour la vie personnelle, il y a « mon espace personnel ». Cela est très important, et ce n'est pas le même espace pour tout le monde. Il y a là toute la matière d'un choix, pour chaque personne. Certains ont besoin d'une chambre où ils sont seuls, d'autres s'ennuient seuls, ils sont trop angoissés et ils aiment se trouver à deux ou trois. Certains ont besoin d'une chambre très silencieuse, d'être un peu isolés. D'autres au contraire ont besoin d'une chambre bien implantée au cœur de la maison, et la porte de leur chambre est presque toujours ouverte : leur sécurité passe par là. Pour d'autres, elle passe par une porte fermée, même quelquefois par une porte que l'on peut fermer à clé. Chacun arrange sa chambre un peu comme il veut, avec quelques conseils. Pour certains, il faudra des années avant qu'ils acceptent de personnaliser l'aménagement de leur chambre, de mettre des objets personnels sur les étagères, sur les murs. Certains gardent un genre « lit d'hôpital », d'institution, pendant des années. Pour d'autres, c'est tout de suite « mon coin », « ma chambre », « mon espace ». Parmi les autres pièces de la maison, la cuisine, comme dans toutes les familles, a un rôle unique. Comme on aime s'y retrouver ! C'et un peu le cœur de la maison. C'est là qu'on vient se faire « chouchouter », réconforter. La salle de séjour, qui est souvent la salle à manger, est la pièce où il fait bon être ensemble. C'est le lieu où vit la communauté.

Diversité des engagements

Les personnes ayant un handicap ont besoin d'avoir autour d'elles un milieu très aimant, mais aussi très diversifié : des personnes célibataires et des personnes mariées, des personnes engagées dans une vie ordinaire, des personnes qui viennent surtout pour un travail. Elles ont besoin d'être insérées le plus possible, comme tout le monde, dans un quartier, en habitant des maisons comme les autres, en ayant un travail, des amis, en retrouvant régulièrement leur famille quand cela est possible. Elles aiment faire des voyages, des pèlerinages, avoir des vacances comme tout le monde.

Ce milieu très diversifié autour des personnes ayant un handicap appelle, de la part des assistants, des engagements à des niveaux très divers et implique des états de vie différents : célibat, mariage, jeunes en recherche. Nos chemins pour répondre et avancer dans cet appel, pour vivre cette alliance sont variés. Familles, enfants, personnes âgées, jeunes, âges moyens, tous sont nécessaires. Parfois, dans nos communautés, nous sommes un peu inquiets quand il arrive des assistants très jeunes, dix-sept, dix-huit ans. Et pourtant, lorsqu'il existe un bon noyau d'assistants permanents pour porter des responsabilités, pour donner la stabilité, c'est excellent d'avoir des assistants très jeunes. Ils apportent toute une vie, ils ont d'ailleurs parfois une maturité du cœur, une justesse de vue qui nous apprend beaucoup. Il y a parfois dans nos communautés des personnes qui viennent pour assurer surtout un service matériel : cuisine, entretien des maisons, ménage. Ces personnes ont souvent un rôle très important. Elles appartiennent au quartier, au village ; elles sont souvent très proches des hommes et des femmes ayant un handicap.

Cette diversité des engagements est une richesse et une faiblesse. La faiblesse est surtout vécue par les assistants et assistantes dont la communauté devient véritablement la famille. Ils sont dans un état de fragilité, de vulnérabilité beaucoup plus grand que ceux qui, à l'Arche, vivent dans leur propre famille, sont mariés, ont leurs enfants, leur chez-eux. Bien sûr, ceux-ci appartiennent à part entière à la communauté, et leur rôle est essentiel, unique. Mais les célibataires qui vivent en foyer éprouvent une dépendance et une fragilité affectives beaucoup plus grandes. Si leur appel est de rester à l'Arche, ils doivent vivre en même temps un enracinement dans la communauté, un enracinement dans la foi, un enracinement dans le Cœur de Jésus.

Comme une famille

Dans les foyers de l'Arche, nous avons vu que les responsables, hommes et femmes, ont un peu le rôle du père et de la mère dans une famille. Mais nous ne sommes pas époux et épouses. Ce n'est pas facile d'assumer, dans cette proximité, son célibat, en union avec Jésus.

De plus, les personnes ayant un handicap ont besoin que l'on crée avec elles, autour d'elles, un climat de vie très chaleureux et affectif. Beaucoup de personnes ayant un handicap communiquent très peu ou même pas du tout verbalement. La communication avec elles passe beaucoup plus par le regard, le toucher. Elles ont besoin qu'on leur donne des marques d'affection tangibles, sensibles. Dans nos foyers, en général, pour se dire bonjour ou bonsoir, on s'embrasse. Certaines personnes très handicapées ont besoin d'être prises sur les genoux, elles ont besoin d'être physiquement très proches de l'assistant, sinon elles sont envahies par l'angoisse, et se retirent tout à fait dans leur monde, ne communiquent plus du tout. Beaucoup viennent d'hôpitaux psychiatriques ou d'asiles, elles ont été plus ou moins ou tout à fait abandonnées par leur famille. Elles n'ont presque plus de possibilités de communication avec leur entourage, tellement la blessure du rejet est profonde en elles. Pour ces personnes, il faudra des mois, des années, d'un toucher affectueux, rassurant, délicat, pour qu'elles sentent qu'elles sont aimées, qu'elles sont aimables, que leur vie a du prix à nos yeux, aux yeux de Dieu. Les yeux, les mains de Jésus passent dans nos yeux, dans nos mains, c'est pourquoi nous vivons ensemble, assistants et personnes ayant un handicap.

Il n'y a pas d'un côté les assistants et d'un autre côté les personnes ayant un handicap. Pour les pauvres, il faut tout un climat d'affection et d'échanges, et les assistants baignent aussi dans ce climat. Cela est excellent en général, cela les amène à développer leurs qualités relationnelles, leurs qualités de cœur. Cela leur donne aussi de nombreuses occasions de se rencontrer entre assistants et de créer des liens. Dans ce climat, beaucoup parmi les jeunes qui viennent vivre dans nos communautés y rencontrent un ami, une amie privilégiée, ils s'aiment, forment le projet de bâtir leur vie ensemble et se marient. Tantôt ils demeurent à l'Arche dans cette nouvelle forme de vie, tantôt ils vont vivre ailleurs et autrement. D'autres reçoivent un appel à vivre leur célibat en étant totalement donnés à Jésus et aux pauvres.

XIV

VIVRE L'INSÉCURITÉ

Notre « guide » : le pauvre

Ce qui est propre à l'Arche c'est, comme nous l'avons montré un peu plus haut, cet appel à faire alliance avec le pauvre, à partager nos vies avec lui, à rencontrer Jésus dans le pauvre. C'est ce qui rend nos vies si belles et aussi si complexes et difficiles. Nos guides, ce ne sont pas des concepts, un idéal de sainteté, une règle de vie, nos « guides », ce sont des personnes, c'est la personne avec un handicap. Voilà ce qui fait que les communautés de l'Arche sont si fragiles et si complexes, bien à l'image de la nature humaine. Ces personnes qui sont nos guides sont des personnes qui possèdent en général très peu de moyens intellectuels. Ce n'est donc pas elles qui vont élaborer des rapports clairs, nous dicter des règles, nous dire comment vivre avec elles, comment vivre ensemble. Elles sont pour nous des « guides » bien particuliers. Il faut donc essayer de définir un peu en quoi elles sont nos guides, pourquoi nous les appelons ainsi. C'est essentiel d'essayer de comprendre un peu cela pour commencer à comprendre ce que sont les communautés de l'Arche, leur fragilité, leur petitesse et leur beauté. Les personnes handicapées ne sont pas des guides selon le sens habituel du terme. Elles sont nos guides pour nous apprendre à aimer, pour nous apprendre à rencontrer Jésus, le Père, Marie.

Il nous faut apprendre la patience des saints, agir toujours selon son Esprit Saint. Ne pas se décourager et ne pas donner de réponses trop rapides, pas assez mûries sous le regard de Dieu. Ne pas tarder non plus à donner des réponses quand il le faut, même si les éléments nous apparaissent difficiles à apprécier, même si nous avons l'impression que la réponse provoquera des tensions, ou ne sera pas bien accueillie par tous.

Lors d'une rencontre d'un groupe de l'Arche avec Jean-Paul II à Rome, en 1984, il nous a encouragés à porter avec espérance cette complexité de nos communautés :

« De tout cœur, je vous encourage à poursuivre votre travail éducateur et d'inspiration évangélique, entrepris de manière originale et communautaire dans les quatre-vingts Arches érigées à travers les continents. J'imagine que cette vie communautaire ne va pas sans problèmes. Les résoudre une fois pour toutes tiendrait du rêve. En fait, il importe de vivre avec vos problèmes en renouvelant et en affermissant chaque jour votre volonté, votre parti pris de respect, d'écoute, de tendresse, de pardon, de coopération, d'espérance et de joie[1]. »

Beaucoup de questions

Nous sommes souvent dépassés par les événements qui arrivent dans nos communautés : telle personne handicapée en grande difficulté, un manque d'assistants important, un assistant sur qui nous comptions et qui nous quitte soudainement ; nous ne trouvons pas de responsable pour tel foyer, pas d'assistant homme dans un foyer où il y a une dizaine de personnes handicapées, etc. Ce sont bien sûr des difficultés et des problèmes, des souffrances, comme dans toute vie. Et il n'y a pas de réponse évidente. Nous disons souvent que la sagesse vient à force de vivre avec des questions et des situations sans réponse. Savoir les porter, les prier, les offrir, essayer de faire tout ce qu'on peut pour y répondre, et si Dieu le veut, Il nous donnera la réponse, la solution, quand nous en aurons vraiment besoin. Pour vivre ces difficultés, il faut beaucoup de confiance et beaucoup de patience.

C'est souvent difficile et embarrassant de ne pas savoir ni pouvoir répondre à des questions que l'on nous pose sur l'Arche. Je crois que souvent la réponse que nous pouvons donner, et qui n'en est peut-être pas vraiment une, c'est de demander aux personnes qui nous posent ces questions de prier avec nous pour que l'Esprit Saint nous éclaire et nous montre la volonté de Jésus sur l'Arche. Si nous croyons en son amour, l'Esprit nous enseignera tout et nous guidera vers la vérité tout entière.

Oui, il y a tant de questions qui se posent à l'Arche, tant de questions pour lesquelles nous n'avons pas de réponse aujourd'hui et pour lesquelles nous ne savons pas si nous aurons une réponse demain.

Il y a beaucoup de questions qui concernent les assistants : est-ce possible pour des assistants de vivre dans un foyer toute leur vie, avec des personnes qui ont un handicap mental, qui ont des troubles psychologiques, psychiatriques, importants ? Cette vie est-elle possible durant vingt ans, trente ans, quarante ans et plus ?

Comment vivre le partage de vie entre une équipe d'assistants très jeunes, pour qui l'appel n'est pas forcément de s'engager à l'Arche, et des assistants enracinés depuis longtemps dans la communauté ? Le

---

1. *Les Personnes handicapées dans l'Enseignement des Papes,* Solesmes, 1987.

ressourcement nécessaire est différent quand les assistants ont vingt ans, qu'ils viennent vivre une expérience de quelques mois ou d'un an à l'Arche, et quand ils sont dans le foyer depuis dix ans, quinze ans, ou qu'ils ont décidé de s'enraciner pour toute leur vie à l'Arche. Comment concilier tout cela ?

Nous avons expérimenté à l'Arche qu'il est important de confier les responsabilités pour une durée déterminée. Cela demande une disponibilité à être déplacé, à changer de responsabilité, qui pose des questions très importantes pour les assistants mariés et qui ont des enfants, et aussi, sous d'autres formes, pour les célibataires. Pour les familles, surtout dans les petites communautés, quand le mari est directeur, qu'il arrive au bout de son mandat et que celui-ci n'est pas renouvelé, que peut-il faire ? Est-ce que la communauté peut lui proposer un autre travail, est-ce qu'elle peut lui assurer un salaire dans ce nouveau travail ? Et s'il n'y a pas de travail possible pour lui dans la communauté, la famille est-elle obligée de changer de communauté, de se déraciner, de couper en quelque sorte les liens avec les personnes ?

Quel est le type d'implication que peuvent avoir les familles dans une communauté ? Est-ce possible et bon pour une famille de vivre en foyer ? Quelle est la place des enfants dans nos communautés ?

Comment vivre et soutenir l'appel et la vie dans le célibat à l'Arche ?

Il y a aussi des questions de fond : comment vivre en communauté à l'Arche, avec des personnes si diverses par leur appartenance religieuse, si diverses dans leur chemin spirituel ? Comment vivre l'Arche lorsque les membres de la communauté appartiennent à plusieurs Églises de traditions différentes ? Comment vivre l'Arche, le partage de vie, dans une communauté entre hindous, musulmans et chrétiens ? Quel doit être le rattachement explicite, reconnu de l'Arche avec les différentes Églises protestantes, avec l'Église catholique ?

La majorité des personnes à l'Arche appartiennent à l'Église catholique ; comment soutenir, fortifier, reconnaître cette appartenance tout en reconnaissant et soutenant pleinement ceux qui appartiennent à d'autres Églises, à d'autres religions ?

Notre pierre d'angle : le pauvre

Nous ne savons pas encore très bien ce que Jésus veut pour la croissance de cette semence de l'Arche qui a été plantée en terre il y a maintenant vingt-trois ans. « Si le grain de blé tombé en terre ne meurt pas, il demeure seul, mais s'il meurt, il donne beaucoup de fruits » (Jn 12, 24). Nous connaissons certains fruits que porte l'Arche, nous connaissons certains aspects de sa fécondité, mais beaucoup d'aspects de ses fruits nous échappent encore. Nous avons besoin de demander au Saint-Esprit, Lui qui répond à notre cri, Lui le Paraclet, le Père des pauvres, de répondre à notre appel, de répondre aux questions qui se posent pour notre croissance, pour la fécondité de l'Arche.

Le fruit de l'Arche le plus visible et le plus évident, le cœur de l'Arche, qui a été donné dès le départ dans l'histoire de Jean Vanier confirmée par le Père Thomas Philippe, est bien celui d'accueillir chez soi, de partager sa vie avec la personne rejetée et blessée, avec la personne qui a un handicap mental, pour lui permettre de s'épanouir, dans toutes les dimensions de son être humain et spirituel. Ce fruit de l'Arche est notre perle précieuse. Cette vie avec la personne qui a un handicap est le signe de notre unité, le phare qui nous guide dans la nuit, dans la tempête. Le pauvre est notre pierre d'angle à partir de laquelle l'Arche se construit dans toutes ses dimensions humaines et spirituelles. Chaque jour, nous rendons grâce pour ce don du pauvre qui est le ciment, la base de nos communautés à travers le monde.

Nous pourrions énumérer encore beaucoup de questions sans réponse que nous portons à l'Arche. Dans un sens, cela est inhérent aux pauvres, à la pauvreté, d'être sans cesse face à des questions sans réponse, et à travers tout d'essayer de faire confiance. Avoir confiance que c'est Jésus qui conduit l'Arche, que c'est Lui le seul Maître à bord de notre bateau et qu'Il sait vers où nous conduire, vers où nous diriger. L'essentiel, c'est d'arriver à Lui faire pleinement confiance, d'arriver à Lui être tellement abandonné qu'Il puisse de plus en plus, chacun et tous ensemble, nous guider comme Il veut.

L'Arche comme communauté, comme toute communauté chrétienne, reste et restera toujours pauvre et fragile. Nous ne construisons pas des communautés pour bâtir sur cette terre un royaume temporel, mais nous bâtissons des communautés avec le pauvre pour construire le Royaume de Dieu. Nous savons bien que sur cette terre nous sommes en pèlerinage, nous sommes dans la lutte ; et puisque nous voulons dans un sens nous identifier au pauvre, nous allons vivre aussi son insécurité.

Mettre notre confiance en Jésus

La seule force pour nous, comme pour chaque chrétien, est d'avoir fondamentalement, vitalement confiance que Jésus est présent au milieu de nous. Il est là et nous dit de garder confiance à travers tout, dans les souffrances comme dans les joies, dans le doute comme dans les certitudes. Nous aurons toujours des questions sans réponse. C'est un signe de vie, un signe de croissance. Quand les réponses à toutes les questions sont données, c'est le signe que l'on est trop installé, que tout est contrôlé, programmé, repéré ; cela ne va pas avec une attitude de croissance, d'écoute et de disponibilité incessante à l'Esprit Saint. Avoir sans cesse des questions sans réponse, c'est un signe de la présence de l'Esprit Saint, de la présence de Dieu dans une communauté. C'est le signe que Dieu a la place de nous bousculer, de nous emmener sans cesse vers de nouveaux horizons que nous ne connaissons pas, et qui peuvent de prime abord nous faire peur. C'est la possiblité pour notre Dieu de nous faire découvrir de nouveaux paysages.

Spontanément, nous n'aimons pas cette situation d'insécurité, d'ouverture à l'inconnu. Au fond de nous-mêmes, nous sommes toujours en recherche de sécurité et de certitudes. Nous avons peur de laisser l'air frais, l'air du printemps nouveau entrer par la fenêtre. Mais comme disait Jean-Paul II :

« N'ayez pas peur ! Ouvrez, ouvrez toutes grandes les portes au Christ[1] ! »

Nous avons sans cesse envie de fermer les portes, de nous mettre à l'abri du vent, de rester dans notre petit confort, de garder notre petite sécurité. Et pourtant, il est dit de l'Esprit Saint : « Nul ne sait ni d'où il vient, ni où il va. » Il est comme le vent. Alors, n'ayons pas peur. Nos questions sans réponse, c'est le signe que notre porte est ouverte au vent de l'Esprit. Ce que nous devons faire sans cesse, c'est nous efforcer d'être attentifs à ce vent de l'Esprit, qui se présente parfois comme une brise légère et parfois comme un grand vent. A nous de savoir le reconnaître, de savoir l'entendre, à nous d'être trouvés fidèles.

Parfois, dans nos communautés, nous en avons assez de ces questions sans réponse, de cette insécurité, de cette pauvreté. Nous avons la tentation de nous installer, de devenir riches en acquérant des sécurités matérielles, spirituelles, humaines. C'est pourquoi nos communautés ont besoin d'être visitées, et accompagnées régulièrement, par des personnes de l'Arche, mais extérieures à la communauté. Elles viennent dire comment elles sentent la communauté, dire ce qu'elles y voient de bon, de positif, mais aussi les pièges dans lesquels la communauté risque de tomber, peut-être sans s'en rendre compte. Ces équipes d'accompagnement, responsables extérieurs, sont essentielles pour veiller sur la vitalité de nos communautés. Nous avons besoin aussi de conseils d'administration et d'amis proches qui suivent notre évolution et qui n'ont pas peur de nous confirmer dans telle ou telle direction, mais qui n'hésitent pas non plus à nous dire les signes qui leur paraissent négatifs, les signes de ce qui ne semble pas venir de l'Esprit.

Nous avons grand besoin de ces aides qui veillent, qui gardent, qui accompagnent nos communautés, qui accompagnent l'Arche dans son ensemble. Nous découvrons ainsi, de plus en plus, le besoin d'un

---

1. Homélie de la messe solennelle d'intronisation de Jean-Paul II, le 22 octobre 1978.

double accompagnement: accompagnement communautaire et accompagnement spirituel.

Il en est ainsi pour nos communautés, mais aussi pour chacun. La petite barque, nos petites barques ont besoin d'être aidées, elles ont besoin de personnes extérieures qui confirment la direction que nous prenons, qui nous posent des questions sur le chemin dans lequel nous nous engageons. Les communautés de l'Arche sont, dans un sens, très souples parce qu'elles bâtissent à partir des personnes, et non sur des constitutions, des règles de vie très étudiées, à l'inverse de beaucoup de communautés religieuses. C'est impressionnant de voir comment la Règle de saint Benoît continue, à travers les siècles, de guider la vie de tant de monastères, de tant d'hommes et de femmes qui donnent leur vie à Dieu dans la prière. C'est impressionnant de voir la solidité, la beauté des Constitutions de saint Ignace, qui guident la Compagnie de Jésus à travers les siècles. Ce sont comme des rocs sur lesquels l'Église, le monde se construisent. Ce sont comme des phares qui éclairent, qui guident les bateaux, à travers les tempêtes comme à travers les mers d'huile. Nos communautés de l'Arche, comme beaucoup de communautés nouvelles, ont besoin d'avoir à côté d'elles ces géants, ces forteresses vers lesquels elles peuvent toujours aller pour trouver une parole de Sagesse, pour trouver un soutien. Quand les petites Arches sont trop secouées par les tempêtes, elles ont besoin d'être confortées pour continuer leur route. Quand elles semblent s'endormir sur une mer trop calme, où le vent semble ne plus souffler, quand on a l'impression de faire du sur place, on a besoin d'entendre que c'est peut-être à ces moments-là que se passent les choses les plus importantes. Dieu vient souvent dans la brise légère, mais aussi dans la tempête.

Pour que l'on puisse vivre dans des communautés qui portent beaucoup de questions sans réponse, pour que cette pauvreté soit positive, soit signe de vie, signe de l'Esprit, il faut qu'il y ait beaucoup d'amour, beaucoup de tendresse et d'amitié entre tous les membres de la communauté. Il faut que l'insécurité et la fragilité soient en quelque sorte compensées, soutenues par l'amour entre tous. Cela nous amène à vivre le commandement nouveau de Jésus : « Aimez-vous les uns les autres comme je vous ai aimés. » Sans cet amour, la vie dans nos communautés est trop difficile On ne peut à la fois vivre dans l'insécurité et vivre sans amour. A cause de notre insécurité, nous sommes provoqués à nous aimer les uns les autres, et à donner nos vies pour les petits, les plus faibles, les plus pauvres. « Il n'y a pas de plus grande preuve d'amour que de donner sa vie pour ceux qu'on aime. » Alors, c'est merveilleux !

XV

LE QUOTIDIEN

De la beauté des petites choses

Il existe un très beau livre anglais, *Small is beautiful*[1], qui parle de la beauté des petites choses. Il nous fait découvrir que les petites choses de notre vie, tout ce qui est petit dans l'univers a souvent une grande importance.

Quand on vient à l'Arche, on ne vient pas pour réaliser de grands projets, une grande œuvre, on vient pour suivre un chemin de petitesse et d'humilité. On a besoin d'apprendre et de découvrir la joie de faire le ménage, la joie de faire la vaisselle, la joie de dire bonjour, d'aller au travail. On a besoin de découvrir la joie du quotidien.

Quand je travaillais au Foyer, quand j'étais au Val ou aux Rameaux, ce que j'aimais beaucoup, c'était laver par terre. Je ne sais pas pourquoi j'aimais ça. Ce devait être un bon moyen pour dépenser mon énergie ! J'aimais beaucoup aussi m'occuper du linge des hommes de mon Foyer. A travers le fait de s'occuper de leur linge et de leurs habits, de recoudre et raccommoder leurs affaires, il y a une relation privilégiée, qui se crée avec eux. Chacun peut venir vous donner un bouton à recoudre, ou vous montrer un petit point à faire. Il y a tout un courant de vie tout simple qui se crée là.

Chacun de nous à l'Arche a besoin de découvrir l'amour du quotidien. Dans les foyers où vivent des personnes très handicapées, on est appelé à découvrir la joie d'approcher le corps des personnes en leur donnant le bain, en les lavant, en les habillant, en les couchant, en les levant. Tous ces petits gestes font notre vie.

Jean aime dire souvent que, à l'Arche, on passe la moitié de son temps à salir et l'autre à nettoyer. Et c'est presque vrai ! On est appelé à découvrir la joie de faire la vaisselle, la joie de laver le linge, la joie de

---

1. Schumaker, *Small is beautiful*.

laver par terre. La joie aussi de savoir demeurer avec les personnes, sans faire grand chose, sans avoir de conversations très élevées, la joie de jouer ensemble, aux dominos, aux cartes, la joie d'être seulement là. Mais ce n'est pas toujours facile pour nous d'accepter d'être seulement là, au foyer, et de prendre du temps très simplement avec les uns et les autres.

Nous trouvons aussi la joie dans les temps que nous vivons avec les voisins de nos foyers, en allant leur rendre visite, en les accueillant chez nous. Nous avons besoin de dire bonjour chaque jour à la grand-mère du coin, aux enfants.

Il y a encore toute cette joie de prendre nos repas ensemble. Nous essayons de faire que les repas soient souvent des temps de fête, des temps de célébration. Des temps où nous nous réjouissons vraiment d'être ensemble, d'habiter la même maison, de faire de notre maison un lieu où on se sent bien chez soi [1].

Hymne à l'amour

Pour cette vie faite de toutes petites choses, il y a un texte de saint Paul qui nous donne un magnifique encouragement. Il vient nous dire que c'est vraiment cela la voie, que nous sommes sur le bon chemin. Nous rêvons peut-être de faire de grandes choses, de grands voyages, d'avoir un travail important, d'être reconnu, mais saint Paul nous montre un meilleur chemin. Il a écrit pour tout chrétien un hymne à l'amour qui est bien fait pour nous confirmer dans notre vie à l'Arche :

« Quand je parlerais les langues des hommes et des anges, si je n'ai pas l'amour, je ne suis plus qu'un airain qui sonne, ou une cymbale qui retentit. Quand j'aurais le don de prophétie et que je connaîtrais tous les mystères et toute la science, quand j'aurais la plénitude de la foi, une foi à transporter les montagnes, si je n'ai pas l'amour, je ne suis rien. Quand je distribuerais tous mes biens en aumônes, quand je livrerais mon corps aux flammes, si je n'ai pas l'amour, tout cela ne me sert de rien » (I Co 13, 1-3).

Et ensuite, il nous dit ce qu'est l'amour :

« L'amour est patient, l'amour est bon, il n'est pas jaloux, l'amour ne s'exalte pas, il n'est pas arrogant, il n'agit pas d'une manière inconvenante, il ne cherche pas son intérêt, il n'est pas agressif ni plein de ressentiments. L'amour ne se réjouit pas de l'injustice, mais se réjouit dans la vérité. L'amour excuse tout, il croit tout, il espère tout, il supporte tout. L'amour ne passe jamais. Les prophéties, elles disparaîtront, les langues, elles se

---

1. Jean Vanier a beaucoup parlé de l'importance des repas dans le livre sur la Communauté, au chapitre 9.

tairont, la science, elle disparaîtra, car imparfaite est notre science, imparfaite aussi notre prophétie. Bref, la foi, l'espérance et l'amour demeurent toutes les trois, mais la plus grande d'entre elles, c'est l'amour » (I Co 13, 4-9 et 13).

C'est à cet amour-là que nous sommes conviés dans notre vie à l'Arche. Saint Paul nous encourage à faire les petites choses avec amour, à rendre service, à être patients.

C'est difficile, dans notre vie à l'Arche, d'être patient ! C'est tout un programme ! Nous sommes appelés à vivre avec des personnes qui souvent nous énervent, avec des assistants ou des personnes ayant un handicap qui ont des manies, qui répètent toujours la même chose... et nous perdons patience ! Nous sommes appelés à vivre avec des personnes qui nous demandent mille fois la même chose ou qui font souvent les mêmes gestes, et il faut tout excuser, tout supporter. Il nous faut supporter que tel homme qui sent vraiment mauvais vienne sans cesse s'approcher de nous, et il nous faut l'accueillir avec amour. Nous devons apprendre à l'aimer comme il est, avec ce qu'il est, avec ses difficultés, avec sa saleté, avec ses gestes bizarres. Appliquer ces exigences de l'amour à notre vie communautaire, cela exige beaucoup. Si nous étions des ermites, ou bien si nous choisissions ceux avec qui nous voulons vivre, ce serait plus facile. A l'Arche, nous ne choisissons pas ceux avec qui nous voulons vivre. Quand nous arrivons dans la communauté, les responsables ne nous demandent pas avec qui nous voulons vivre, dans quel foyer nous voulons aller. Ils nous proposent d'aller là où l'on a besoin de nous et nous allons faire connaissance et vivre avec des personnes que nous n'avons pas choisies.

Nous sommes appelés à vivre ensemble cet amour-là, à nous supporter, nous aimer différents, aimer tel assistant qui nous agace, tel autre qui nous envoie à la figure des paroles difficiles à entendre ou qui nous provoque. Oui, souvent nous aurions envie d'aller vivre ailleurs.

· Il peut y avoir dans les foyers des personnes qui paraissent un danger pour notre vie ; ils sont pour nous comme des ennemis, parce que nous ne les supportons pas. Et Paul nous dit de les aimer, de les supporter, de tout excuser, d'espérer tout. « Espérer tout », cela veut dire aussi ne pas mettre d'étiquettes sur les personnes, ou les mettre dans des catégories, accepter d'avoir un regard neuf sur chacun, admettre que demain telle personne peut changer.

L'amour ne recherche pas son intérêt. Nous avons tellement besoin, chacun, d'être mis en avant, d'être reconnu, de prouver que nous sommes quelqu'un. Dans la vie à l'Arche, souvent, nous ne sommes pas très reconnus, car le quotidien est trop simple. Nous aurions pourtant tellement besoin d'être mis en avant, d'avoir un statut. Cette exigence est particulièrement évidente chez les hommes assistants. Les hommes ont vraiment besoin d'avoir une place reconnue. Cela leur semble nécessaire pour qu'ils puissent être pleinement eux-mêmes, pleinement heureux.

A l'Arche, où nous sommes appelés à faire des petites choses, la société, imprégnée d'autres valeurs, a du mal à nous comprendre et à nous reconnaître. Nous n'avons pas un vrai métier, nous n'avons pas un vrai salaire. Or, les hommes en particulier, ont vraiment besoin de cette reconnaissance. C'est un défi très grand qui est proposé aux assistants hommes de venir vivre à l'Arche cette vie de Nazareth, acceptant de s'enfouir dans ce petit quotidien, acceptant de répondre, quand ils rencontrent leurs amis ou leur famille et qu'on leur demande ce qu'ils font : « Je suis dans un foyer, je fais la vaisselle, je m'occupe du linge... » Ce n'est pas très « valorisant » comme on dit ! C'est difficile. Ils ont vraiment besoin de découvrir tout le sens que peuvent prendre pour un homme ces multiples petites tâches. Les femmes peuvent peut-être vivre cela plus facilement.

Oui, dans notre vie nous avons besoin d'entendre saint Paul nous parler de l'amour. C'est vraiment cela notre appel : c'est de croire que tout passera mais que cet amour, cette façon de faire les petites choses, ne passera pas, et que c'est grâce à tous ces petits gestes qu'on se retrouvera au Royaume. On se retrouvera au Royaume parce qu'on aura accepté de s'enfouir dans le quotidien par amour.

Nazareth

La vie à l'Arche est une vie proche de « Nazareth ». Si nous avons besoin d'entendre Paul nous encourager à l'amour, nous avons aussi besoin de contempler, de regarder la vie de Joseph, de Marie, de Jésus à Nazareth : cette vie toute simple qui était la leur et qui était la vie du Fils de Dieu. Nous avons besoin de regarder Joseph. Il faut beaucoup aimer Joseph quand on vit à l'Arche. Il est très proche de nous, il est très proche de notre vie, lui qui s'est vraiment enfoui dans cette vie quotidienne ; lui, cet homme si silencieux, le père de Jésus - certes pas le père biologique, mais père par le cœur, par son amour. Dans l'Évangile, il n'y a aucune parole qui nous soit rapportée de lui. Et pourtant, il est plus grand que les apôtres : il était le père de Jésus et Jésus l'appelait « papa ». Il a vécu une vie dont on ne sait pratiquement rien. Il s'est enfoui dans les petites choses, dans cette vie toute simple où il avait à faire son métier de charpentier, à gagner la vie de la famille. Il avait besoin de travailler pour que sa famille puisse vivre. Joseph aimait sûrement passer aussi beaucoup de temps à la maison, à Nazareth, dans la petite maison qu'il avait faite pour Marie, pour Jésus. Il aimait jouer avec son fils, avec Jésus, le prendre dans ses bras, regarder son beau visage, son visage lumineux. Il aimait aller avec lui rendre visite aux voisins. Joseph aimait aller prendre des nouvelles de la vieille grand-mère qui habitait son quartier. On peut imaginer que Joseph allait au marché avec Marie et Jésus. C'était la fête d'y aller chaque semaine avec leur âne. Ils allaient faire les courses pour la semaine, comme nous allons faire nos courses au supermarché. Ils partaient tous les trois et ils étaient heureux d'aller par les rues de Nazareth. Ils aimaient rendre visite à leur famille, à leurs parents. Ils allaient rendre visite à la vieille cousine Elisabeth et au vieux cousin Zacharie, qui avaient eu un enfant quand ils étaient déjà vieux : un enfant qu'ils avaient appelé Jean et qui avait six mois de plus que Jésus. Les deux cousins, Jean et Jésus, aimaient se retrouver pour jouer ensemble. Chaque jour de shabbath, comme tous les juifs même aujourd'hui, comme son peuple, Joseph aimait aller à la synagogue de Nazareth avec son fils Jésus. C'est très beau à Jérusalem, aujourd'hui, de croiser dans les rues ces hommes juifs qui vont prier au Mur, qui vont prier à la synagogue, et qui tiennent par la main leur petit garçon. Ils vont prier ensemble leur Père. Joseph faisait ainsi avec Jésus, il allait à la synagogue avec lui, pour prier leur Père avec leur peuple.

C'est dans cette synagogue de Nazareth que Jésus, avant de commencer sa vie publique, a lancé son grand message. Il est revenu à Nazareth. Il est rentré dans la synagogue, il a pris le livre, comme c'est l'usage, et il a choisi le texte d'Isaïe : « L'Esprit du Seigneur est sur moi parce qu'il m'a consacré par onction, il m'a envoyé porter la bonne nouvelle aux pauvres, annoncer aux captifs la délivrance, aux aveugles le retour à la vue, rendre la liberté aux opprimés » (Is 61, 1 et Lc 4, 18).

Jésus a lu ce texte, puis il est allé s'asseoir et il a dit aux juifs qui étaient là : « Aujourd'hui s'accomplit devant vous cette parole. » Les juifs étaient bien surpris d'entendre Jésus parler ainsi. Ils se disaient : « Mais c'est le fils de Joseph ! » Ils avaient vu Jésus petit enfant, adolescent, venir prier à la synagogue avec son père. Et voilà que tout à coup Jésus se présentait autrement... Ils n'en revenaient pas. Ils étaient habitués à les voir prier là avec eux.

La vie de cette famille, à Nazareth, est très proche de la nôtre ; c'est une vie qu'il nous est bon de contempler, comme le faisait Charles de Foucauld, pour découvrir toute la tendresse et tout l'amour qui existait entre Jésus, Marie et Joseph. C'est la vie d'une famille heureuse, mais c'est surtout la vie d'une « Sainte Famille » dans laquelle Jésus, le plus petit, est au centre. C'est une vie de foi, sans rien d'extraordinaire, dans laquelle Joseph et Marie croient du fond du cœur, malgré tout ce qui peut les déconcerter, que leur enfant est vraiment le Messie. Nous aussi nous avons à vivre de foi, à croire que Jésus est au milieu de nous, que c'est lui qui nous unit. Nous avons à le reconnaître chaque jour dans les pauvres qui sont au centre de nos communautés.

Béthanie

Cela me fait penser à la communauté de Béthanie, une petite communauté de l'Arche qui a commencé il y a peu de temps. C'est très beau, la naissance d'une communauté. Mais c'est aussi très fragile, terriblement fragile. Béthanie se trouve près de Jérusalem. J'aime beaucoup aller visiter cette communauté. Cela me rafraîchit, me renouvelle.

Dans cette petite ville de Béthanie, la communauté est insérée dans un quartier musulman, un quartier populaire où il y a beaucoup d'enfants. J'aime beaucoup regarder tous ces enfants. Ils viennent facilement vers nous. Ils ont de très beaux visages. Quand nous arrivons au foyer de l'Arche, nous sommes tout de suite accueillis par Ali, Fatmé et leurs enfants. Ali et Fatmé sont nos propriétaires. Nous leur louons le grand rez-de-chaussée et le sous-sol de leur maison pour notre communauté. Ils sont musulmans. Ali est un homme juste, un homme sage. J'aime penser qu'il est proche de Joseph. C'est un homme silencieux. Il donne beaucoup de sécurité à la petite communauté de l'Arche. Sa famille habite le premier étage de la maison. Cela nous donne beaucoup de confiance. Chez eux, il y a une grande paix.

Quand nous avons parlé à Ali et à sa femme Fatmé de ce que nous voulions faire dans cette maison, au rez-de-chaussée, chez eux, ils ont tout de suite compris ce que cela voulait dire, accueillir des pauvres, et ils ont tout de suite participé à notre vie de l'Arche. Ils étaient si heureux quand nous avons accueilli Rula, la première personne handicapée ! C'est comme si eux aussi avaient fait cet accueil. Ils sont si heureux maintenant de voir les progrès de Rula et combien elle s'épanouit. Ali et Fatmé, et tous les enfants (ils sont six) sont venus pour la fête, l'anniversaire de Rula. Il y avait aussi beaucoup d'autres amis. Ce fut un très bon moment. Rula est musulmane, et au début du repas nous avons demandé à Ali de dire la prière. C'était un moment très fort. Il y a eu un très grand silence et Ali a prié tout bas. Nous nous sentons vraiment en communion, en paix ensemble. Nous pouvons dire que notre foyer de l'Arche est un peu sous leur protection.

C'est très grand de découvrir cette unité, ces liens qu'on peut vivre autour du pauvre. Aujourd'hui, dans la petite communauté, il y a trois personnes accueillies : Rula, Ghadir, Sihame et quatre autres qui viennent pour travailler pendant la journée dans notre petit atelier. Il y a quatre assistants, dont une jeune femme palestinienne qui vient seulement la journée pour travailler à l'atelier. Avec eux, la vie est vraiment simple. Chaque jour, il faut passer plusieurs heures à accompagner Rula aux toilettes — elle ne sait pas bien aller aux toilettes — alors, comme dans bien d'autres foyers de l'Arche, il faut être là avec elle, lui chanter des chansons et la détendre afin que les choses se passent le mieux possible ! C'est très important, car autrement tout se passe la nuit, et le matin, quand on vient, il faut tout laver !

Il y a aussi Sihame qui a trente ans. Sihame est autonome, elle peut faire certaines choses. Ce qu'elle fait surtout, c'est regarder ce qui se passe dans la maison, observer ce que nous faisons et rester là toujours derrière nous à nous aider un peu à la vaisselle, un peu au ménage.

Gaby, une assistante irlandaise, m'écrivait l'autre jour la joie de tous autour de Ghadir qui venait d'apprendre à embrasser et qui est tout le temps maintenant en train de les appeler pour les embrasser. Ils sont tous très heureux, même si le travail avance moins vite ! Elle donne beaucoup de joie !

Ghadir est une jeune fille de quinze ans, très handicapée. Elle a un corps déformé. Elle ne peut vraiment rien faire par elle-même, à peine s'asseoir. Il faut passer beaucoup de temps à la laver, à l'habiller, à la porter. Ghadir a un visage, un sourire, des yeux extraordinaires. On croirait qu'elle a été créée pour sourire, pour donner son sourire.

Là aussi, dans la communauté de Béthanie, on aime faire des fêtes comme dans tous les foyers de l'Arche. Il y a quelque temps, ils avaient fait une petite fête de nouveau autour de Rula. Cela faisait un an que Rula était dans le foyer et on fêtait cet anniversaire. C'était une fête toute simple, comme on fait souvent chez nous. A la fin du repas, après avoir bien mangé — et où Rula avait, elle, beaucoup mangé —, on s'est arrêté un moment et puis on a demandé à chacun s'il avait quelque chose à dire à Rula. Alors chacun lui a dit un petit mot. Ghadir, quand c'était son tour, a regardé Rula, mais Rula faisait beaucoup de bruit, beaucoup de gestes, elle n'écoutait pas du tout. Alors Ghadir a attendu, enfin Rula a compris qu'il se passait quelque chose. Elle a commencé à faire moins de bruit, elle a regardé Ghadir. Alors Ghadir l'a regardée et elle lui a dit : « Je t'aime. » Elle l'a dit, bien sûr, avec son sourire. C'était un moment très grand, qui était donné, de voir cet accueil de Ghadir pour Rula. Et pourtant, au début, elles étaient jalouses l'une de l'autre, car Rula a été accueillie la première ; et puis Ghadir est venue après, elle a pris un peu sa place. C'était extraordinaire de voir comment Ghadir voulait dire à Rula : « Je t'aime, je suis heureuse que tu sois là. »

Voilà les petites merveilles de tendresse que nous avons à accueillir dans nos vies. C'est cela, vivre l'alliance avec le pauvre. Voilà ce que les gens ont souvent du mal à comprendre. A propos de cette petite communauté à Béthanie, les personnes nous demandent : « Mais qu'est-ce que ça signifie ? Pourquoi faites-vous tout cela, pour quelques personnes qui ont un handicap ? Qu'est-ce que cela veut dire d'avoir un conseil d'administration, avec des personnes très compétentes, très occupées, tout juste pour trois personnes handicapées ? Et à quoi bon tant d'assistants ? Il y a tant de besoins, pourquoi ne faites-vous pas de grandes maisons pour accueillir plus de monde ? » Les gens de notre monde ont beaucoup de mal à comprendre cette vie à l'Arche. Ils ont beaucoup de mal à comprendre pourquoi nous dépensons tant d'énergie pour si peu de monde.

C'est vrai : qu'est-ce que ça signifie ?

Il y a quelque temps, des personnes d'un ministère des Affaires sociales d'un pays étranger pauvre sont même venues jusqu'à Trosly pour nous proposer de diriger un gros centre qu'ils avaient construit pour accueillir en internat plus de cent enfants ayant un handicap.

Nous avons eu du mal à leur faire comprendre que ce n'est pas cela que nous sommes appelés à vivre à l'Arche. Notre appel, c'est de vivre avec quelques personnes ayant un handicap et de créer des liens avec elles. Le monde a vraiment du mal à comprendre cette vie toute petite, cette vie si ordinaire, cette vie où parfois nous sommes amenés à dépenser tant d'argent pour si peu de personnes.

C'est pourquoi, nous avons tant besoin de contempler Joseph, Jésus et Marie à Nazareth : leur vie aussi était bien petite, leur vie était bien pauvre, et pourtant c'est là que se jouait le salut du monde...

Marie, la Mère de Jésus, peut beaucoup nous aider à découvrir l'amour des petites choses. Elle passait beaucoup de temps, Marie, à laver le linge, à laver par terre, à coudre. Il faut apprendre à aimer faire des petites choses comme elle.

Un quotidien aux dimensions du monde

Depuis plusieurs années, ayant été appelée à assumer des responsabilités plus globales dans l'Arche, je goûte de façon très spéciale les rares moments où je peux me replonger dans la vie bien concrète des foyers. Cette vie toute simple me manque. Aussi, quand je suis dans le foyer à Béthanie, j'aime beaucoup, même si c'est exceptionnel, aller étendre le linge dehors. Cela me fait du bien, parce que le ciel est si beau là-bas, c'est si bon d'entendre les enfants jouer et rire dans la cour à côté. C'est si beau d'entendre le muezzin lancer son appel à la prière. C'est si beau d'être là et de faire ces petites choses bien simples. En faisant ces petites choses, nous sommes en fait solidaires de tous les hommes et de toutes les femmes de notre monde. Que ce soit en Inde, en Afrique, en Asie, en Amérique, dans toutes les familles, dans la plupart des maisons on passe la moitié du temps à salir et l'autre moitié du temps à nettoyer. Tous les gens simples ont le même quotidien. C'est quelque chose qui m'a beaucoup frappée quand j'étais en Inde, de voir les femmes laver le linge pendant des heures. C'était si beau de les voir dans leur saris aux magnifiques couleurs laver le linge dans le fleuve. Dans toutes les familles pauvres, simples, on retrouve notre quotidien, notre quotidien de l'Arche. C'est la richesse, c'est l'« avoir » qui divise notre monde, qui sépare les humains. A travers le quotidien on rejoint une dimension universelle du monde, on peut découvrir une vraie fraternité. C'est quelque chose que vivent très fort les Petite sœurs et les Petits frères de Jésus, de Charles de Foucauld. Ils vivent cette vie toute proche des peuples pauvres, ce partage de la vie, du quotidien avec les pauvres dans beaucoup de pays du monde. Dans notre monde occidental, les êtres humains deviennent souvent esclaves de la technique et perdent le sens de l'humain. On arrive à des situations terribles, des situations de chômage, des situations de très grande détresse. On m'a parlé derniè-rement en France des machines-robots qui vont supprimer des centai-nes de milliers de postes d'emploi !

Ce qu'il y a d'extraordinaire dans notre vie avec les personnes handicapées de l'Arche, c'est qu'on ne peut pas oublier qu'ils sont là. Ils nous dégagent vraiment un espace pour vivre, un espace pour aimer. Quand on vit avec Alberto, avec Loïc, avec les membres de chacun de nos foyers, on ne peut pas oublier qu'ils sont là. On ne peut pas se faire remplacer par des machines. On est obligé d'entendre ce que le Renard disait au Petit Prince : « S'il te plaît, apprivoise-moi. »

C'est ce que nous disent à leur façon les personnes ayant un handi-cap : « S'il te plaît, apprivoise-moi ! » Si on leur demande ce que signifie « apprivoiser », ils nous répondent à leur manière : « C'est créer des liens. C'est une chose trop oubliée, parce que les hommes n'ont plus de temps, les hommes n'ont plus le temps de créer des liens [1]. »

Alors, notre mission à l'Arche, c'est de prendre du temps pour créer des liens, des liens avec Rula, avec Sihame, avec Ghadir, avec quel-ques personnes. Si nous voulons créer des liens, nous ne pouvons être cent et plus dans une même maison : ce n'est plus alors une maison mais un centre. Pour créer des liens, il ne faut pas être trop nombreux, comme dans une famille, il faut avoir du temps, ou plutôt prendre du temps pour cela. Il faut avoir du temps pour créer ces liens d'alliance, ces liens d'éternité. Il faut avoir du temps pour chanter avec Marie son Magnificat. C'est un chant pour nous, le Magnificat, et nous voulons dire avec Marie : « Mon âme exalte le Seigneur, exulte mon esprit en Dieu mon Sauveur. Il s'est penché sur son humble servante, désor-mais toutes les générations me diront bienheureuse. »

Vivre l'Évangile à l'endroit

Les assistants, pour vivre dans la joie, dans la paix ce petit quoti-dien, ont besoin de découvrir la spiritualité de Nazareth, cette spiri-tualité par laquelle on aime faire des petites choses parce qu'on rejoint Dieu à travers elles. Cela n'est pas facile à découvrir. Nous aurions tellement envie de faire autre chose, de faire des choses plus intéres-santes, nous nous sentons capables de faire des choses tellement mieux que toutes ces tâches du petit quotidien.

Pour vivre cette vie longtemps, il faut y découvrir une dimension contemplative. Il faut aussi découvrir comment, en acceptant de vivre

---

1. A. de Saint-Exupéry, *Le Petit Prince*, Gallimard.

ce quotidien, nous œuvrons pour la paix, pour la justice. Nous œuvrons pour créer un monde nouveau où les pauvres et les petits seront au cœur des familles et des communautés, au cœur de nos villages et de nos quartiers, au cœur de notre société.

Nous commençons à bâtir la paix en vivant chacun à sa place le petit quotidien. Nous commençons à bâtir la paix quand nous acceptons de ne pas prendre la route de la course aux diplômes, de la course pour grimper dans l'échelle professionnelle, dans l'échelle sociale. Bâtir la paix, cela commence par l'acceptation de « descendre l'échelle » — comme nous disons souvent chez nous — pour vivre un petit quotidien sans promotion, sans rivalité, sans compétition. Dans ce petit quotidien, nous savons que nous avons besoin les uns des autres et que pour connaître le chemin à suivre, celui qu'il faut d'abord regarder, c'est le pauvre, le petit.

Il faut bien connaître le message de l'Évangile, et il faut savoir si on veut le vivre « à l'endroit » ou « à l'envers ». Comme disait l'archevêque de Rennes, Monseigneur Jullien : « Dans le monde, c'est l'Évangile à l'envers. A l'Arche, c'est l'Évangile à l'endroit. » Non pas parce que nous sommes mieux que les autres, mais simplement parce que dans l'Évangile, Jésus nous dit sans cesse de mettre les pauvres au cœur de nos vies : « Ce que vous avez fait au plus petit des miens, c'est à moi que vous l'avez fait », et encore : « J'étais nu et vous m'avez vêtu, j'étais un étranger et vous m'avez accueilli. »

La joie de vivre avec toi, Paolo

« De quoi as-tu besoin, Paolo, pour t'épanouir au Chicco, dans la communauté de l'Arche à Ciampino près de Rome, qui t'a accueilli lorsque tu avais cinq ans, après tes premières années vécues dans un orphelinat de Rome ? Qu'as-tu besoin de trouver au Chicco ?

« Tu as besoin de découvrir que le Chicco est ta maison, que c'est "chez toi". Tu as besoin que Guenda, Anne, Mariucha, Eugenio, Anna te donnent sécurité, te donnent leur amour. Te souviens-tu quand tu es rentré à la maison, après un mois d'absence ? C'était la première fois que tu quittais le Chicco depuis ton arrivée. Tu rentrais de vacances passées avec un groupe de ton école. Quand tu es revenu, j'étais au Chicco, je me rappelle que tu étais complètement perdu. Tu n'osais pas avancer, tu n'osais pas aller vers Guenda que pourtant tu connaissais bien. Que se passait-il dans ta petite tête, dans ton petit cœur ? Que s'était-il passé pendant ce temps où tu avais quitté le Chicco, ce lieu qui était devenu ta maison ? Tu as cru que c'était fini, que tu n'y reviendrais plus, que c'était un rêve ce que tu avais vécu là, après ta vie à l'orphelinat. Tu t'es dit dans ta petite tête : "C'est un rêve, le Chicco ; j'oublie, je l'oublie complètement." Et puis, te voilà de retour, te voilà devant cette maison qui était devenue un peu ta maison, te voilà devant Guenda, et les autres assistantes qui étaient devenues un peu ta famille. Que se passait-il pour toi, Paolo ? "Est-ce bien vrai ? Alors, ce n'était pas un rêve, le Chicco, vous ne m'avez pas abandonné, vous tous qui m'aimiez ? C'est bien ma maison ? Fabio et Maria et Lucia sont bien comme mon frère et mes sœurs, ma famille ? Comment est-ce possible que je les retrouve ?"

« Quel drame s'était joué en toi, Paolo, pendant ces vacances ? On voyait, on lisait ce drame sur ton visage : tu exprimais la peur, la peur de l'abandon, et il t'a fallu quelques jours pour quitter cette peur, pour comprendre que tu avais bien retrouvé ta famille, ta maison, ta petite sœur Lucia, ton grand frère Fabio. Alors, maintenant que tu as retrouvé ta maison, ta famille, le Chicco, qu'attends-tu de nous, Paolo ? Quand tu rentres de l'école, tu accours, tu te jettes dans nos bras, tu as besoin de faire le câlin avant de prendre ton goûter... juste ce qu'il faut ! Et puis, c'est le goûter. Ensuite, tu vas jouer et, après le jeu, c'est le bain, puis le repas. Après le repas, nous nous retrouvons à l'oratoire pour remercier Jésus de cette journée et prier pour ceux qui souffrent. Tu te souviens, Paolo, quand tu as reçu une guitare pour ton premier Noël au Chicco, une petite guitare à cordes élastiques ? La première chose que tu as faite, c'était de prendre ta petite guitare et de venir à l'oratoire faire un concert pour Jésus. Tu sais, nous étions émus de te retrouver là, devant le tabernacle, faisant ton petit concert !

« Dans ce quotidien, tu aimes que nous fassions des fêtes, Paolo, et surtout que nous jouions, que nous riions avec toi, tu aimes aussi faire des bêtises, mais encore plus regarder Fabio, ton grand frère, ou bien Lucia, ta petite sœur, et lui faire un gros "bagio", un gros baiser sur le front. Ce que tu aimes aussi, c'est que la maison soit en ordre... afin d'y mettre beaucoup de désordre : comme cela, nous savons que tu es là, nous ne pouvons pas t'oublier, Paolo ! Tu étais tellement insécurisé au début, quand tu es arrivé au Chicco, que tu passais ton temps, chaque nuit, à te lever, à allumer toutes les lumières de la maison, à réveiller tout le monde. Il a fallu que chaque nuit un assistant, à tour de rôle, reste à proximité pour t'aider à trouver sécurité. Il a fallu vivre cela pendant plusieurs mois, pour que tu puisses laisser tomber ta peur de la nuit. Tu dors maintenant comme un bienheureux et tu sais que tu es chez toi au Chicco, que c'est là ta famille, et tu sais maintenant que nous ne t'abandonnerons pas : "Tu es à moi, je t'appartiens..." Tu nous plonges, Paolo, dans le petit quotidien.

« Avec toi, nous apprenons à nous réjouir des petites choses. Tu as du prix à nos yeux, Paolo, nous savons que tu as besoin de nous dans les petites choses de chaque jour. Nous savons que nous avons à préparer le repas pour toi, laver, nettoyer la maison pour t'accueillir avec joie quand tu rentres de l'école. Demain et chaque jour, Paolo, tu auras besoin de nous et nous aurons besoin de toi et de chacun au Chicco. »

XVI

DANS LE MONDE SANS ÊTRE DU MONDE

Dans le monde sans être du monde

Les personnes qui ont un handicap ont besoin que l'on soit tout à fait dans le monde sans être du monde. A l'Arche, nous sommes tout à fait baignés dans la culture des sociétés où nous nous insérons. Souvent même, nous dépendons de l'État, des autorités locales. En même temps, pour être fidèles à notre mission, nous sommes appelés à vivre une « contre-culture ». Les personnes ayant un handicap n'ont aucune conscience de l'enjeu qu'elles représentent, des tensions qui se développent à partir d'elles. C'est ce qui fait souvent leur « charme » et leur simplicité. Elles peuvent être victimes des sociétés de consommation, mais elles n'ont aucune notion de ce que recouvre ce concept. Elles appartiennent à une culture mais elles n'ont pas conscience des valeurs dont cette culture est porteuse. Le terme même de culture leur est le plus souvent étranger.

Un aspect très frappant de notre vie à l'Arche, c'est donc que nous sommes plongés dans le monde sans être du monde. Après quelques jours d'absence, je rentrais dans mon foyer un samedi après-midi. J'ai été frappée d'entendre les musiques variées émanant des différentes radios dans tous les coins de la maison. Pour beaucoup de personnes ayant un handicap, comme pour beaucoup d'autres dans notre monde, une façon de se distraire, c'est de tourner le bouton du poste de radio ou de télévision, de mettre une cassette ou un disque. J'ai beaucoup d'estime pour ces différents moyens de communication, mais il faut reconnaître que souvent ils ne servent qu'à combler notre vide, notre ennui. C'est très vrai pour beaucoup de personnes handicapées. Ce phénomène est renforcé du fait que la plupart ne sont pas capables de lire, ou bien n'ont pas de livres à leur portée, mis à part quelques magazines abondamment illustrés, quelques bandes dessinées. Elles apprécient également le cinéma, mais il y a peu de films qui leur conviennent.

Il m'est un peu pénible, quand je rentre dans mon foyer, d'être assaillie, et je peux dire agressée, par tout ce bruit, par ces musiques qui incitent à une extériorisation... Et pourtant c'est cela que je suis appelée à vivre si je veux partager toute ma vie avec mes frères et sœurs blessés.

Je n'aurais qu'une envie, c'est de me retrouver dans le silence, pour rester centrée sur la source en moi qui me donne la vie et qui est Jésus. Mais c'est aussi Jésus qui m'a appelée à vivre là avec mes frères et sœurs blessés, à partager ma vie, toute ma vie, avec eux, donc à partager leurs conditions de vie, tous les aspects de leur pauvreté, y compris cette petitesse qui leur fait trouver leur détente dans des moyens qui ne sont pas les miens.

C'est un peu la même situation qui se reproduit, pour des causes différentes, quand, dans un foyer, les assistants plus anciens par l'âge et par le temps de présence à l'Arche, se retrouvent avec une équipe de jeunes assistants qui cherchent des formes de détente particulièrement actives : danse, musique, cinéma, etc.

Vous êtes le sel de la terre

Beaucoup d'aspects du monde sont souvent très présents dans notre vie, d'abord parce que les personnes ayant un handicap sont, dans un sens, très réceptives au monde et aussi parce que les plus jeunes parmi les assistants, qui sont venus directement à l'Arche, sont imprégnés de toute notre civilisation et de sa culture. Ensemble, nous avons à construire la communauté, des communautés qui ne sont pas du monde. « Vous êtes le sel de la terre. Mais si le sel vient à s'affadir, avec quoi le salera-t-on ? » (Mt 5, 13).

Cette présence du « monde » dans la communauté est notre force : elle nous provoque à nous déterminer davantage par rapport à notre appel, et à l'exigence de Jésus sur chacun de nous. Quand nous venons à l'Arche, nous n'entrons pas dans une structure de communauté toute faite, avec des conditions d'admission très précises. Nous venons dans une communauté à construire et à reconstruire chaque jour, où la règle de vie est la personne ayant un handicap : c'est autour d'elle et avec elle que se construit la communauté.

Notre faiblesse en découle : un certain manque de détermination, de repères dans nos communautés. Toutes les communautés de l'Arche ont une constitution, mais chaque personne reste très libre. Ces constitutions ne sont pas des règles de vie, elles codifient une façon de vivre ensemble, surtout par rapport à des prises de décisions, par rapport à un système de gouvernement. Elles établissent un système collégial pour porter l'autorité et précisent comment cette autorité est assumée, partagée. Elles définissent les objectifs des communautés, et comment atteindre ces objectifs. Mais elles ne règlent pas la façon de vivre de chacun dans la communauté.

Toute la vie de la communauté est orientée pour essayer de donner le plus d'épanouissement, de mieux-être possible aux personnes ayant un handicap.

Nos blessures

A cause de cette vie partagée, la vulnérabilité des assistants qui vivent en foyer est grande. Si le foyer est « notre maison », si venir vivre à l'Arche c'est venir partager ma vie avec Jean-Claude, « habiter sa maison », pour faire de notre maison un foyer, il est bien normal et nécessaire que j'accepte et que je fasse miens, dans la mesure du possible, tous les aspects de cette vie partagée, y compris le petit transistor qui joue souvent à tue-tête. Paul a besoin aussi de ce moment-là où il peut pousser à fond son transistor, son magnéto, puisque c'est un de ses moyens personnels de détente. Même si cela me dérange, je dois porter cela avec lui. A d'autres moments, je l'amènerai sans doute à vivre autre chose, à vivre le silence, à trouver la vie qui est en lui.

Chacun de nous a des pauvretés, des failles, des blessures tellement inscrites en lui, tellement inviscérées qu'il a besoin de les vivre de temps en temps. « On ne peut pas arracher toutes les mauvaises herbes en même temps. »

Jean-Baptiste, à cause de son handicap et de toutes les souffrances vécues autour de ce handicap, s'automutile. Il se frappe le visage avec son poing. Il a besoin de faire ce geste de temps en temps. Il le fait maintenant beaucoup moins qu'il y a quelques années, parce qu'il a découvert une plus grande paix intérieure. Mais Jean-Baptiste a toujours quelque part en lui besoin de faire ce geste d'automutilation. S'il ne le fait pas le jour, il le fait la nuit. On croit que Jean-Baptiste est très apaisé au moment où il s'endort, et puis on le retrouve la nuit, petit bonhomme assis sur son lit, gémissant et se tapant.

Se remplir de « bruit », « de musique forte » comme fait Paul, c'est aussi une façon de s'automutiler, de calmer des blessures intérieures. C'est vrai pour beaucoup d'hommes et de femmes dans notre monde. Nous avons tous des blessures intérieures à calmer, à guérir, et il y a aussi, nous le savons bien, des blessures en chacun de nous qui ne seront jamais guéries. Alors comment les apaiser ? C'est une des grandes questions pour notre humanité.

Le drame de l'autisme, de la psychose, c'est que cette puissance de destruction est dirigée contre la personne elle-même. D'autres, pour calmer leurs blessures, ne frappent pas sur eux-mêmes mais sur les autres. C'est ainsi que naissent des guerres entre les hommes, des guerres ouvertes, des guerres cachées, des guerres souterraines. Cette puissance de faire le mal est en chacun de nous. D'où la demande instante que Jésus nous a faite : « Aimez vos ennemis, faites du bien à ceux qui vous persécutent. Si vous aimez ceux qui vous font du bien, quel mérite avez-vous ? Les pécheurs n'en font-ils pas autant ? » (Lc 6, 27 et 32).

Le besoin de détruire, cet instinct de mort, se retrouve souvent à l'état brut et de façon très visible chez la personne ayant un handicap.

C'est évident chez toutes les personnes qui s'automutilent par des gestes extérieurs. Mais il y a toutes les autres formes d'automutilation, cachées sous les mouvements de dépression, d'agressivité, de violence contre les autres. Il faut avoir été proche de personnes violentes pour connaître leur désarroi, un désarroi qui les conduit à telle ou telle sorte de violence. La seule chose qui peut calmer quelqu'un de violent, c'est de ne pas avoir peur de lui, de l'appeler par son nom parfois très doucement, de le toucher, de lui donner la possibilité d'un contact physique. Mettre la main sur son épaule, lui prendre la main quand c'est possible, c'est un petit moyen qui lui permet souvent de sortir de son désarroi et lui redonne un peu de paix pour reprendre contact avec la réalité. Le phénomène est le même pour les états dépressifs.

En dehors des périodes aiguës, des périodes de crise, les blessures que nous portons se calment comme elles peuvent, comme nous pouvons. Un des moyens bien connus pour combler son vide, son angoisse, c'est de faire du bruit, se mettre en mouvement. Il est presque impossible à quelqu'un qui est entré dans un certain type d'angoisse de rester immobile. Il a besoin de faire des allées et venues sans cesse. La marche est d'ailleurs souvent un excellent moyen pour calmer l'angoisse.

Toutes les blessures et les failles que nous portons en nous font que nous restons « du monde » sous beaucoup d'aspects et que même nous sommes complices de ce monde. C'est quelque chose du « monde de ténèbres » qui nous habite, chacun, à cause de la blessure de la faute originelle, à cause aussi de nos péchés personnels. En même temps, nous ne sommes pas du monde. Nous voulons construire, à partir de cette ambiguïté qui est en chacun, un autre monde, un monde meilleur. Et c'est le petit, le pauvre qui est pour cela notre guide, bien qu'il appartienne lui aussi à ce monde de ténèbres.

Je t'ai saisi par la main

Quel mystère que cette vie remplie de tant de contradictions, remplie de tant d'ombres et de lumières ! A travers ces contrastes, nous rejoignons la Bonne Nouvelle que nous voulons vivre, découvrir et annoncer ensemble dans nos communautés.

« Moi, Yahweh, je t'ai appelé dans la justice, je t'ai saisi par la main, je t'ai modelé, j'ai fait de toi l'alliance du peuple, la lumière des nations, pour ouvrir les yeux des aveugles, pour faire sortir de prison les captifs, et de leur cachot ceux qui habitent les ténèbres » (Is, 42 6-7).

Très doucement, avec beaucoup de patience, il faut essayer d'enlever en chacun de nous les mauvaises herbes. Parfois les bonnes et les mauvaises herbes sont si mélangées que nous devons accepter de vivre avec telle ou telle blessure, de peur, en voulant la guérir, d'enlever les bonnes qui sont tout près d'elle. C'est souvent ainsi que les choses se passent chez les gens qui sont très vulnérables et très fragiles. Souvent les personnes qui ont un handicap sont faites d'une matière très délicate, et à leur contact nous devenons aussi très vulnérables, très sensibles. Jésus peut nous laisser toute notre vie avec nos difficultés de caractère, de psychisme, comme avec notre handicap. Ce n'est pas pour cela que nos vies seront moins remplies d'amour, au contraire, cela nous appellera peut-être à plus d'amour et d'humilité. Il faudra apprendre à vivre toute notre vie avec nos difficultés, nos handicaps, nos blessures, nos agressivités et nos dépressions. Apprendre à vivre avec en nous toute cette part qui reste du monde et toute cette part qui n'est pas du monde, apprendre à vivre avec toutes les ténèbres et toute la lumière qui coexistent en chacun, cela aussi c'est « être dans le monde sans être du monde ».

La lutte

« Être du monde », c'est vraiment quelque chose qui nous colle à la peau : le péché, le mal sont présents en chacun de nous. En même temps, nous sommes des êtres de lumière et de paix, habités par l'Esprit de Jésus. C'est une tension constante que nous portons, que tout homme ou femme de bonne volonté porte en lui et autour de lui. En chacun de nous, il y a Ève et il y a Marie, et en dehors de nous, dans le monde, il y a la lutte entre les forces du bien et les forces du mal. Vivant en communauté avec des personnes blessées, nous sommes plongés au cœur de cette lutte. C'est la lutte même dont parle l'Apocalypse :

« Un signe grandiose apparut au ciel : une Femme ! Le soleil l'enveloppe, la lune est sous ses pieds et douze étoiles couronnent sa tête ; elle est enceinte et crie dans les douleurs et le travail de l'enfantement. Puis un second signe apparut au ciel : un énorme Dragon rouge feu, à sept têtes et dix cornes, chaque tête surmontée d'un diadème. Sa queue balaie le tiers des étoiles du ciel et les précipite sur la terre. En arrêt devant la Femme en travail, le Dragon s'apprête à dévorer son enfant aussitôt né » (Ap 12, 1-4).

Cette situation, qui est celle de l'Église, est la situation de chacun de nous, à la mesure de l'appel de Dieu sur nous. Nous vivons cette lutte parce que nous sommes dans le monde sans être du monde. « C'est cette situation de lutte que tu vis, d'une façon aiguë, Anne, quand tu te donnes de violentes claques sur le visage, pour calmer ton angoisse. C'est cette situation de lutte que tu vis à ta façon, Paul, quand tu fais hurler ton transistor à tue-tête et que j'en ai en effet mal à la tête, et tout le foyer avec moi. Tu as besoin de ce bruit bien spécial qui résonne dans toute la maison pour remplir ton vide. Ce sont ces litres de café que tu absorbes, Régis, pour combler ton angoisse et qui vont te rendre malade.

« Oui, nous sommes appelés à vivre cette lutte avec toi, Anne, avec nos pauvres moyens, en te donnant notre présence. Tu ne seras pas seule dans ce combat si je te prends avec moi, sur mes genoux, ou si on va faire un tour. Du moment que je suis avec toi, peu importe ce que l'on pourra faire, tu retrouveras la paix, tu n'auras plus besoin de te frapper, on aura gagné la lutte. On aura gagné aussi, Paul, si je sais t'être suffisamment présente, te proposant par exemple de jouer aux cartes avec toi, puisque tu aimes tant cela. Même si cela m'ennuie un peu, je viendrai te rejoindre devant la table de jeu, et la paix reviendra dans ton cœur et dans le foyer. On aura gagné aussi, Régis, si je sais suffisamment être avec toi, si nous tous, assistants, nous savons quitter nos préoccupations pour te retrouver, te rencontrer, te proposer quelque chose que tu aimes, comme d'aller prendre ensemble un pot au café du coin. Alors tu te sentiras mieux, tu ne seras plus seul avec ton vide. Anne, et toi Paul, et toi aussi Régis, tu as besoin que je sois avec toi dans cette lutte qui est la tienne et dans laquelle tu ne peux rester seul. »

La même lutte est à l'intérieur de chacun de nous et aussi à l'extérieur. Comme hommes et femmes de bonne volonté, comme chrétiens, nous voulons que la part de paix, d'amour et de lumière, cette part qui n'est pas du monde, grandisse en chacun de nous, dans nos communautés et dans le monde entier. Le pauvre, le petit nous appellent à être présents dans cette lutte pour construire avec eux un autre monde, un monde meilleur. Ils nous appellent à être des artisans de paix. Nous pouvons prier avec saint François d'Assise :

> « Seigneur, fais de moi un instrument de Ta paix,
> Là où il y a la haine que je mette l'Amour,
> Là où il y a l'offense, que je mette le Pardon,
> Là où il y a la discorde, que je mette l'Union,
> Là où il y a l'erreur, que je mette la Vérité,
> Là où il y a le doute que je mette la Foi,
> Là où il y a le désespoir, que je mette l'Espérance,
> Là où il y a les ténèbres, que je mette la Lumière
> Là où il y a la tristesse, que je mette la Joie. »

MEMBRES D'UN MÊME CORPS : L'ALLIANCE

CINQUIÈME PARTIE

MEMBRES D'UN MÊME CORPS
L'ALLIANCE

XVII

L'ARCHE, UNE FAMILLE

Quand je pense « famille », je pense tout de suite à ma famille naturelle, ma famille selon la chair et le sang, et à l'Arche, ma seconde famille, ce lieu où je me sens chez moi.

Il y a en général, dans la vie, la période de l'adolescence, où on quitte sa famille. Ce n'est pas facile, ce mouvement de quitter pour la première fois sa famille, de « couper le cordon » comme on dit. Cela se fait parfois dans les souffrances, dans les difficultés. Tous les parents ont plus ou moins à souffrir durant cette période d'adolescence de leurs enfants. C'est difficile pour eux d'accepter cette croissance, cette rupture avec leurs enfants. C'est difficile pour les enfants de quitter leurs parents, d'être tout d'un coup face au monde qui s'ouvre devant eux, sans savoir de quoi demain sera fait. C'est rude, mais c'est aussi passionnant. Il est beau de voir les adolescents affronter la vie, prendre leur vie en main, pour devenir demain des hommes et des femmes debout. Cette période de l'adolescence est souvent décisive pour beaucoup de jeunes. La façon dont les parents vont vivre cette épreuve d'accepter le départ de leur enfant est essentielle. Les parents comme les adolescents ont besoin de beaucoup de soutien pour vivre cette étape.

L'Arche est très vite devenue ma famille. Je sens si bien que c'est le lieu que Dieu a choisi pour moi, ce lieu où je suis appelée à aimer. C'est un don extraordinaire que ce don d'une communauté qui nous est donnée comme une famille. Ce lieu où nous pouvons mettre nos racines, où nous pouvons vivre avec d'autres des souffrances, des épreuves, des joies. Ce lieu où nous pouvons trouver notre épanouissement, où notre être le plus profond peut se développer en plénitude, selon la volonté de Jésus.

Le don de la communauté

Ce don que Jésus nous fait d'être appelés à vivre, à nous donner, à aimer dans telle ou telle communauté, est un don qu'il faut demander. Il faut apprendre aux enfants, aux adolescents à demander ce don pour eux, pour leurs amis. Car, comme tout don, il faut se préparer à le recevoir, préparer son cœur, tout son être à recevoir ce don que Jésus veut pour nous : une nouvelle famille, ce lieu dans lequel Il pourra se donner à nous et où nous pourrons en même temps nous donner à nos frères et sœurs en plénitude, selon la formule de saint Louis-Marie Grignion de Montfort : « Sans cesse à tous et à chacun, dans un don total à Dieu. »

Toute graine a besoin de trouver sa bonne terre pour germer, mettre ses racines, se développer et finalement donner des fleurs, donner des fruits. Nous sommes chacun, à un moment ou à un autre de notre vie, comme cette petite graine qui attend la bonne terre et qui, une fois qu'elle l'a trouvée, peut germer pour donner du fruit. Il est beau et bon de savoir que nous sommes tous appelés à trouver la bonne terre qui nous permettra de donner du fruit pour la gloire du Père.

A l'Arche, ce sont les pauvres qui nous donnent notre famille, ils sont eux-mêmes, en fait, cette bonne terre qui nous permet de découvrir la Bonne Nouvelle de Jésus. C'est par eux et avec eux que l'Arche nous est donnée comme famille. « Habiter ta maison, c'est devenir ton frère, ta sœur », c'est devenir membre d'un même corps, d'une même communauté. C'est appartenir à la même famille. C'est Jésus qui met ces liens entre nous, c'est Jésus qui veut faire de nous une famille insérée dans l'Église, spécifique parmi beaucoup d'autres familles chrétiennes, la famille de l'Arche.

Quand nous appartenons à une même famille, nous nous reconnaissons, nous nous percevons tout de suite comme étant de la famille. Quelque chose nous est donné, nous sentons tout de suite qu'un lien très spécial nous unit. Dernièrement, nous étions frappés, lors d'une grande rencontre de plusieurs communautés de l'Arche, par la façon dont les membres de la communauté dernière-née de la région, qui assistaient pour la première fois à une rencontre de ce genre, vivaient spontanément ce lien d'appartenance à l'Arche. Les personnes handicapées de cette petite communauté qui, en fait, venaient pour la plupart d'hôpitaux psychiatriques, d'hospices, étaient avec nous tellement à l'aise, tellement heureuses d'avoir trouvé une famille... Ce besoin d'appartenir à une famille est si fort dans le cœur de chacun qu'il ne faut pas beaucoup de temps pour le réveiller. Il demeure puissant tout au long de notre vie. Une des causes très importantes de l'angoisse des jeunes, aujourd'hui, c'est qu'ils sont souvent à vivre des dislocations et des séparations dans leur propre famille. La petite famille elle-même a besoin souvent de la grande famille pour vivre. On retrouve parfois la même chose dans nos communautés. Il y a tout un

mouvement des familles à la recherche de communautés. A l'Arche, nous pouvons vivre quelque chose de très beau dans ce sens [1].
Jean Vanier a écrit :

> « Dans la société, la famille est sûrement si fort en difficultés parce que chaque personne n'est pas respectée, aimée comme elle devrait l'être. Les pauvres, les faibles sont écrasés, ils n'ont pas de place. Ils sont mis de côté, rejetés, on les écarte. Il faut se débattre pour vivre et pour survivre dans la société. On a sur-développé l'agressivité nécessaire pour vivre et pour réussir. Les liens qui unissaient les personnes dans la famille, la communauté, la paroisse, le village s'effritent. Les personnes sont de plus en plus isolées. Quand « le corps » qu'est la communauté est détruit, il est très difficile d'harmoniser les rôles respectifs : c'est chacun pour soi. Cette influence du milieu social ambiant pénètre beaucoup dans toutes les familles, les détruit. Les familles qui sont insérées dans une communauté, qui vivent un engagement comme à l'Arche, dans une communauté avec les pauvres, sont protégées de cette influence. »

Il n'est pas bon à l'homme et à la femme d'être seuls

C'est un besoin très profond de notre cœur de nous retrouver toute notre vie dans une famille. Nous avons besoin de ce lieu chaleureux où nous nous sentons bien, où nous nous sentons chez nous. Après une famille selon la chair, l'Arche m'a été donnée comme une deuxième famille. C'est un mystère, c'est un don de Dieu.

Il y a un grand besoin, dans notre monde, de communautés. L'homme seul dans la société est souvent livré à l'angoisse. Il est victime de toutes les forces qui s'affrontent dans le monde. Il a besoin de trouver un oasis, un lieu où il ne soit pas seul, un lieu où il puisse aimer, vivre en paix, pour construire avec d'autres un monde meilleur.

Ce qui est beau dans la famille de l'Arche, c'est que ce sont les pauvres qui créent cette famille. Ce sont eux qui créent l'unité, le sens de la famille. C'est par eux et pour eux que la « famille » existe. La plupart d'entre eux ont été déracinés et ils viennent s'enraciner à l'Arche [2].

Ils viennent y planter à nouveau leurs racines et, par là, ils permettent aux assistants de s'y enraciner et d'y trouver leur bonne terre.

Le pauvre attend toujours de trouver une famille. Quand nous sommes riches, nous pouvons être indépendants, autonomes. Quand nous avons de l'argent et toute une richesse intérieure, nous pouvons nous débrouiller par nous-même, nous ne dépendons pas des autres

---

1. *Les Lettres de l'Arche*, n° 51, mars 1987, sur « Les familles dans l'Arche. »
2. Cf. le livre d'Anne-Marie de la Selle et Antoinette Maurice, *Déracinement et enracinement des personnes handicapées*, C.T.N.E.R.H., diffusion P.U.F.

pour vivre ; nous n'éprouvons pas nécessairement le besoin d'appartenance ; souvent même, notre argent, notre avoir nous permettent de
nous servir des autres.

Le pauvre, et chacun de nous quand nous découvrons le pauvre qui
habite en nous, nous découvrons le besoin d'une famille. Nous découvrons le besoin d'appartenance à un corps. C'est quelque chose de très
fort et qui va avec la découverte de notre propre pauvreté. Ce pauvre
qui appelle en moi appelle une famille, appelle une appartenance à un
corps qui me donnera vie et sécurité. Il n'est pas bon à l'homme et à la
femme d'être seuls. Le premier groupe humain qui a existé, c'est la
famille. Dieu a créé l'homme et la femme et leur a dit : « Croissez et
multipliez-vous », et Dieu a vu que cela était bon.

Quand on accueille à l'Arche des personnes qui ont un handicap, ce
qui frappe, c'est de voir combien, si vite, en général, la personne se
sent chez elle.

Il en est souvent ainsi pour les assistants. Parfois, les nouveaux
assistants arrivent très tendus. Après quelque temps, dans notre communauté à Trosly, on fait le point sur l'accueil des nouveaux. Souvent,
on s'entend dire alors : « Tu as vu comme elle a changé, tu as vu son
sourire, son visage détendu. » Cette détente vient de ce qu'ils se sont
sentis accueillis comme dans une famille.

Une famille est comme un foyer d'amour qui brûle, qui réchauffe
celui qui vient y vivre. Notre monde est si froid, si dur, que nous
avons grand besoin de trouver ces lieux où il fait bon vivre, ces
familles-communautés où il fait bon venir se réchauffer, ces lieux où il
est possible d'aimer et de se donner. Comme le petit enfant, le pauvre,
à cause de sa dépendance, à cause de son besoin d'avoir d'autres
personnes qui s'occupent de lui, crée la famille, la communauté.

Le pouls communautaire

C'est extraordinaire de voir jusqu'où nous entraîne la dépendance
du pauvre. Ce qui est spécifique dans nos communautés, c'est toujours le fait que c'est vraiment la personne ayant un handicap qui en
est le centre, le fondement, la pierre d'angle. Comme tout le monde,
mais sûrement avec plus d'acuité à cause de sa pauvreté, elle a ses bons
et ses mauvais moments. Les uns et les autres passent souvent par des
moments de crise, de grandes difficultés, de dépression, par des accès
d'agressivité. Généralement, après quelques années, les personnes
sont dans un sens stabilisées au niveau de leurs difficultés d'adaptation
à la vie et au travail, mais il peut survenir des événements qui déclen-
chent des périodes de difficultés : le deuil d'un des parents, le départ
d'un assistant, l'évolution de la maladie physique ou psychique, des
éléments de vieillissement précoce, etc. C'est de tout cela que dépend
notre rythme de vie communautaire, notre rythme de repos et de

ressourcement : dans ce corps qu'est la communauté, nous dépendons de la vie, de la bonne santé, des crises des uns et des autres. On pourrait dire qu'en général, dans nos communautés, le « pouls communautaire » bat fortement, il y a beaucoup de vie ; mais il est aussi très irrégulier, il passe par des rythmes différents. Cela est fatigant, éprouvant pour tous.

Cette fragilité est notre force aussi. Il faut sans cesse apprendre à faire confiance, à espérer pour l'autre, comme dans une famille. Sans cesse, il faut être prêt à créer des situations nouvelles, qui peuvent aller jusqu'à l'ouverture d'un nouveau foyer, la mise en route d'un nouveau travail, d'une nouvelle activité, pour répondre aux besoins d'une personne ayant des difficultés nouvelles. Pour répondre aux besoins nouveaux de chaque personne ayant un handicap, nous sommes souvent entraînés très loin, poussés à dépasser certaines limites humaines ou financières, qu'à priori nous pensions ne jamais pouvoir franchir. Nous sommes étonnés parfois de ce que nous sommes poussés à réaliser pour le bien des personnes.

Il y a toute une créativité, toute une vie qui nous emporte, et par là nous nous sentons inscrits dans le cycle de la vie, sous le souffle de l'Esprit qui vivifie.

Dans nos communautés de l'Arche, nous découvrons Jésus pauvre à travers le pauvre, et nous découvrons combien il a soif de ces communautés, de ces familles, à partir desquelles Il peut se donner, réchauffer les cœurs. Je rends grâce à Jésus de ce don qu'il nous a fait de la famille de l'Arche, au cœur de laquelle se trouve le pauvre.

C'est autour de lui que se forme la communauté. C'est autour du pauvre qui est là, présent avec tout ce qu'il est, avec tous ses besoins d'aide que la communauté se construit. C'est à partir de lui que les racines se mettent en terre, que la plante commence à pousser, à grandir. Le pauvre, avec tout ce qu'il est, avec toutes ses exigences, qui sont souvent très grandes, façonne la communauté. Il nous façonne, il nous transforme. Il réussit à faire de ces personnes si différentes, qui sont appelées à vivre ensemble, une famille, une belle famille.

Chaque fois que je reviens dans mon foyer après un temps d'absence, je suis frappée par l'accueil de chacun. Xavier, Paul, Joseph… Cela me fait chaud au cœur de retrouver ma famille, de me nourrir de ces « liens de famille ». Oui, Sylvie, Michel, Nicolas — et je pourrais nommer chacun — tu le sais, nous appartenons bien à la même famille. Réjouissons-nous ensemble de ce don extraordinaire que Jésus nous a fait : nous nous retrouvons frères et sœurs, unis dans le même amour, par des liens d'éternité.

XVIII

L'ALLIANCE

Membres les uns des autres

Robert Larouche, qui a fondé l'Arche en Haïti en 1974, explicitait dans une lettre envoyée aux différents assistants engagés dans les communautés de l'Arche à travers le monde, ce qu'est « l'Alliance » avant même que le mot soit prononcé. Voici quelques extraits de sa lettre :

« Quand j'essaie de voir à quoi Jésus m'a appelé quand Il m'a aveuglé pour venir à l'Arche et à quoi Il m'appelle aujourd'hui, je vois essentiellement ceux et celles qu'Il nous a confiés à la Kay sin Josef (à Port-au-Prince, Haïti), c'est-à-dire Yveline, Jolibois, Bernadette, Paul, Jean-Robert. Ils sont les pauvres, c'est par eux qu'à l'origine j'ai été appelé et c'est par rapport à eux que je m'engage. Les pauvres sont le message de Jésus et c'est par eux, par leur parole, par leur souffrance, par leur joie, par leur patience, par tout leur être que Jésus m'est révélé dans Sa Croix et dans Sa Parole. Je suis venu à l'Arche pour demeurer avec le pauvre, dont Jésus est, d'avance, si proche. "Dieu n'a-t-il pas choisi les pauvres selon le monde comme riches dans la foi et héritiers du Royaume qu'il a promis à ceux qui l'aiment ?" (Jc 2, 5).

« Chaque jour, Yveline, Jolibois me redemandent si je les aime. Ils me redemandent quelle est l'intensité de mon engagement envers eux. Suivre Jésus, c'est d'abord leur répondre quotidiennement ; je sens que je ne vous apprends rien ici. Mais ce que je veux dire, c'est que je me sens prêt à leur dire — et à leurs semblables qui nous seront présentés — que je veux mieux le faire et que je veux mettre tout mon être — avec mes dons et avec mes limites — à leur service, et toute ma vie. Tous les jours, j'ai à refaire et à me redire et à vivre ce don de moi — et tant de fois, je passe à côté — mais en plus, j'ai maintenant besoin d'un moment, je dirais presque "solennel" où la question m'est reposée, où je prends le temps de porter ce projet, d'en saisir toute la portée et au terme duquel je dirai "oui". Cela me fait penser à cette scène dans l'Évangile de saint Jean 21, où Jésus demande à Pierre : "Pierre, m'aimes-tu ? " et Pierre qui lui répond : "Oui, tu le sais" et quand Jésus lui redemande pour la troisième fois, Pierre est bouleversé, peiné et il Lui dit : "Seigneur, tu sais tout, tu sais que je t'aime." Une question bien solennelle qui était essentiellement un appel de Jésus à la personne entière de Pierre.

« Répondre à Yveline, Bernadette, Raoul, Jean-Robert, Jolibois, au pauvre, c'est répondre à Jésus. Et j'ai besoin de Jésus pour continuer à répondre chaque jour et avec toujours plus de fidélité. Mais il y a aussi l'appel du petit peuple qui nous entoure. Un peuple qui est bien pauvre et au milieu duquel Jésus nous a menés parce qu'Il l'aime beaucoup et parce qu'Il veut nous utiliser pour lui dire sa Bonne Nouvelle. A ce petit peuple aussi, je veux dire que je veux mettre toutes les ressources de mon être à le comprendre, à l'aimer tant que Jésus m'y gardera.

« Je sais que Jésus en a appelé plusieurs d'entre vous et en appellera plusieurs à un engagement semblable. Cela m'amène à ce qui me semble aussi primordial dans cet engagement vécu à l'Arche. Avec les rencontres, les visites, je me sens de plus en plus uni à plusieurs d'entre vous qui faites un choix semblable, chaque jour, dans le sens du don et du partage radical avec le pauvre au sein de l'Arche. Je dirais que je suis de plus en plus dépendant de vous et, en même temps, j'ai besoin de m'associer davantage à ce que chacun reçoit et vit où il est, la nécessité d'être très proche de vous, non seulement par une communauté d'Esprit — du fait de notre désir commun de vivre de l'Esprit des Béatitudes au sein de l'Arche, mais une communauté sensible qui donne force à chacun et qui nous rende de plus en plus confiants les uns dans les autres et en Jésus qui nous guide. Je sais que cela implique beaucoup d'échanges, de rencontres, de prière commune : je ne sais trop comment nous devrons nous y prendre pour rester en communion, mais je tiens surtout à dire que l'engagement qui me travaille, me pousse beaucoup en ce sens d'union très grande entre nous à travers les distances...

« J'ai écrit cette lettre peut-être parce que, ces derniers temps, je sens un peu mieux la spécificité de ma vocation au sein de l'Arche - distincte en nature de celle du prêtre, du religieux, de la personne mariée au sein de l'Arche ou ailleurs. Un engagement à l'égard du pauvre et une écoute du message de Jésus tel qu'Il nous le révèle : je le sens comme une grande faveur, surtout ici en Haïti où tout cela m'est plus évident encore. En écrivant cette lettre, je répondais à un besoin et aussi à des échanges avec plusieurs d'entre vous, à des suggestions : je sais que plusieurs d'entre vous vivent déjà et savent beaucoup mieux que moi ce que nous sommes et comment nous sommes appelés à être des " membres les uns des autres " (cf. Romains). »

Robert Larouche, mars 1977.

En avril 1978, un an après cette lettre prophétique de Robert, l'Esprit Saint nous a révélé que ce lien qui existe entre nous et le pauvre en Jésus est une alliance. Cela nous a été donné quatorze ans après la fondation, à un moment où nous avions besoin de comprendre quel était notre engagement avec le pauvre à l'Arche. Cela s'est produit durant une retraite qui avait lieu avant une rencontre internationale de la Fédération de l'Arche à Châteauneuf-de-Galaure. C'était un moment où se posait très fort la question de l'engagement des assistants et un élément de réponse nous a été donné, au-delà de ce que nous aurions pu imaginer, dans « l'annonce de l'Alliance ». « Le vent souffle où il veut et tu entends sa voix, mais tu ne sais ni d'où il vient ni où il va » (Jn 3, 8). Il faut apprendre à faire que l'heure de Dieu devienne notre heure.

« Tu es convié à vivre une Alliance à l'Arche »

A la fin de cette retraite, avec le Père Marie Dominique Philippe (dominicain), une vingtaine d'assistants ont exprimé entre eux, au cours de l'Eucharistie, les liens que Jésus-Christ lui-même avait établis entre eux et les pauvres ; ils exprimaient en même temps leur désir d'y être fidèle. La formule qui a été choisie et qui semble être inspirée par l'Esprit Saint est : « (nom), tu es convié à vivre une Alliance à l'Arche avec Jésus et avec tes frères et sœurs, spécialement les plus pauvres et les plus faibles. Le veux-tu ? »

Cette annonce de l'Alliance est d'abord et surtout l'annonce d'un appel et d'une spiritualité. C'est la reconnaissance que le pauvre est pour nous une voie privilégiée pour entrer dans le cœur de Jésus, dans le cœur de l'Évangile et par le fait même dans le cœur de l'Église.

L'annonce de l'Alliance n'est pas un regroupement d'assistants comme dans un ordre religieux. Elle est simplement l'annonce d'un appel de Jésus à me donner à Lui et aux pauvres dans ma communauté. Elle est l'annonce de mon « oui » à cet appel.

Comme dit encore le Père Thomas Philippe : « L'Alliance n'implique pas des vœux, elle est une offrande d'amour. Par elle, chacun à sa place, selon sa vocation, ses dons et ses talents, se met à la disposition du Dieu d'amour et de ses frères pauvres. Cette offrande est une prière, une demande d'être consacré par Dieu, c'est-à-dire d'être agréé, et par là fortifié et purifié de l'intérieur, sanctifié par notre union même à la Sagesse éternelle. »

En effet, l'annonce de l'Alliance est comme l'acte d'offrande à l'Amour miséricordieux de Thérèse de Lisieux, ou comme la Consécration à Marie proposée par saint Louis Grignion de Montfort : elle est un véritable don de nos cœurs et de tout notre être à Jésus et aux pauvres.

L'Alliance recouvre des aspects différents de notre lien avec le pauvre et avec Jésus. Voici quelques-uns de ces aspects exprimés par des assistants :[1]

---

1. *Livret de l'Alliance*, Les chemins de l'Arche — La Ferme, oct. 1985.

« L'Alliance est une réponse à une invitation de Jésus d'être lié à Lui et aux pauvres à l'Arche. C'est un appel qui jaillit de mon expérience à l'Arche, une disposition du cœur, un désir qui surgit en moi de continuer à marcher avec Jésus et les pauvres, c'est un appel à dire " oui " comme l'a fait Marie à l'Annonciation avant de savoir exactement ce que son " oui " voulait dire. Ce désir, cette invitation, cet appel ou disposition du cœur est confirmé en moi par mon expérience et par mon cœur, mais aussi par mon intelligence. C'est confirmé également par les membres de ma communauté et par d'autres dans l'Arche. »

« L'Alliance est la reconnaissance que Dieu a mis un lien entre mon cœur et son cœur, entre mon cœur et le cœur du pauvre, entre mon cœur et la famille de ma communauté, et la famille de l'Arche. »

« L'Alliance est la voie que Jésus me donne pour vivre l'Évangile, connaître le Père et prendre ma place dans l'Église.

« Elle est une offrande d'amour. Cela est toujours difficile à définir mais cela contient un désir d'être fidèle à l'appel de Jésus à servir les pauvres à l'Arche, un désir de grandir et la volonté d'être guidé et soutenu. Cela veut dire que je veux que mon cœur reste fidèle à ceux que Dieu m'a donnés. »

L'Alliance avec le pauvre est comme enveloppée par l'Alliance avec Jésus, elle est en Jésus et pour Jésus.

L'annonce de l'Alliance se fait au cours de retraites, les « retraites de l'Alliance ». Aujourd'hui, trois ou quatre retraites ont lieu chaque année, dans les divers pays où l'Arche est implantée.

Peuple de l'Alliance

Nous sommes nombreux à vivre cette alliance avec le pauvre à l'Arche. Chacun de nous a des liens très forts avec certaines personnes, des liens de famille. Ces liens ont souvent commencé dans la souffrance, par une crise, une violence, une dépression, un moment très difficile où il a fallu se rencontrer, découvrir l'alliance que Jésus a mise entre nous.

Cette alliance fait de nous un peuple qui est dans un sens tout particulier « le peuple de l'Alliance ». Nous nous connaissons, nous nous reconnaissons, nous sommes faits de la même pâte.

Quand on va rencontrer une autre communauté de l'Arche jusque-là inconnue, c'est ce qui frappe d'emblée. Très vite, on y retrouve la même intensité des liens, des relations entre les personnes, cette alliance vécue au-delà des cultures, des langues, des pays, des civilisations.

L'Alliance est un grand don qui nous a été fait à l'Arche par Jésus sous le souffle de l'Esprit Saint.

Ce don ne nous appartient pas, nous le tenons comme un trésor dans des vases d'argile. Nous avons encore beaucoup à découvrir sur ce que cela signifie et où cela nous entraîne. L'Alliance nous enracine directement dans le Cœur de Jésus pour nous envoyer porter la Bonne Nouvelle aux pauvres et à tous les hommes et les femmes de bonne volonté que Jésus met sur notre route.

XIX

NOTRE PAIN QUOTIDIEN

Un des « passages » que nous sommes appelés à réaliser à l'Arche consiste à passer du monde de la hiérarchie des diplômes, de l'acquisition d'un pouvoir, à ce corps vivant qu'est la communauté. Ce passage est difficile à faire car, en fait, c'est le passage de l'égoïsme à l'amour. C'est la même démarche que celle dont nous parlions plus haut en disant qu'il faut « descendre l'échelle », c'est-à-dire devenir petits.

Continuer la route

Le premier pas pour venir à l'Arche n'est pas forcément le plus difficile. Ce qui est difficile souvent, c'est de continuer la route. Si nous voulons vivre toujours sur la lancée de ce premier moment, de cet appel que nous avons reçu, de venir en communauté à l'Arche, nous perdrons vite nos réserves. Nous perdrons vite le souffle. Le monde nous propose de vivre l'Évangile à l'envers. A l'Arche, comme dans toute communauté chrétienne, nous essayons de vivre l'Évangile à l'endroit. Le passage de l'Évangile vécu à l'envers à l'Évangile vécu à l'endroit est un passage long, difficile, exigeant. C'est aussi un passage très beau, un passage qui vaut la peine, qui donne sens à notre vie. C'est un peu comme entrer dans une lutte, entreprendre un combat. Dans la Bible, il est souvent question des combats, des luttes, des victoires, des échecs du Peuple de Dieu. Pour savoir mener un combat, il faut savoir de quelles aides, de quel soutien on a besoin, quelle est la nourriture qu'il faut prendre.

Quand on commence à descendre cette fameuse échelle, il faut savoir comment continuer le parcours. Si vite on reprend l'esprit du monde, refusant l'humilité, la petitesse et la vie avec les pauvres, mais Jésus vient à notre aide et nous pardonne ; Il nous aide à continuer le parcours sans nous décourager.

Il nous donne la force de lutter, de continuer la descente en acceptant que nous allons faire des péchés et des erreurs. Il est vraiment important, quand nous sommes appelé à vivre à l'Arche, de découvrir comment trouver la force pour toujours descendre cette échelle.

Laurent Fabre, fondateur de la communauté du Chemin Neuf, nous développait, à l'occasion d'une conférence qu'il donnait dans une communauté de l'Arche, l'enjeu devant lequel se trouve d'une façon ou d'une autre tout être humain. Cet enjeu, développé depuis toujours dans la grande tradition de l'Église, en particulier par saint Ignace de Loyola, se situe essentiellement par rapport à trois points : le pouvoir, l'argent et la sexualité. C'est tout d'abord ce qui concerne l'acquisition du pouvoir et des privilèges ; puis, ce qui concerne l'argent, le besoin d'en gagner beaucoup, toujours plus, un besoin qui nous colle à la peau ; et enfin, c'est toute la question de la sexualité telle qu'elle est proposée, telle qu'elle est vécue dans notre monde. C'est en particulier par rapport à ces trois grands points que chaque homme, chaque femme de bonne volonté, chaque chrétien est appelé à se situer tout au long de sa vie et à prendre position, pour suivre le chemin que Jésus nous propose, le Chemin des Béatitudes.

En venant vivre à l'Arche — communauté chrétienne qui a pris, comme charte les Béatitudes évangéliques —, nous sommes nécessairement appelés à regarder ces exigences. Chacun de nous doit se situer par rapport à ces questions du pouvoir, de l'argent, de la sexualité : comment voulons-nous aborder ces questions dans notre vie personnelle ? Comment voulons-nous y répondre ? Comment pouvons-nous faire des choix pour notre vie qui soient conformes à notre appel ?

Dans un certain sens, il est assez facile de venir vivre à l'Arche. Une personne nous écrit en nous disant : « Je désire venir vivre dans votre communauté, pour vivre avec des personnes qui ont un handicap. » Souvent elle précise qu'elle désire partager sa vie avec les personnes blessées et pas seulement accomplir un travail pour elles. Nous répondons souvent à la personne qui fait une telle demande de venir nous rendre visite pour faire connaissance avec la communauté. Nous avons besoin de découvrir si cette personne qui veut s'engager pour un temps avec nous a un vrai sens des responsabilités, et si elle a des motivations claires pour son désir de vivre en communauté, en particulier si elle est bien consciente qu'elle ne vient pas pour elle d'abord, mais pour se mettre pleinement au service des autres, selon l'esprit des Béatitudes évangéliques. Quand nous découvrons ces motivations claires, nous proposons un temps de stage à chaque futur assistant. Il est alors plongé dans cette vie avec le pauvre en communauté.

En général, les assistants qui viennent ne sont pas préparés à cette vie communautaire. Très vite, ils sont amenés à faire des choix pour pouvoir mener cette vie qui leur est proposée avec le pauvre. Ils sont ainsi amenés à découvrir quelle est la nourriture nécessaire pour marcher sur la route que l'Arche propose, pour vivre les passages indispensables lorsqu'on avance sur cette voie, pour vivre cet appel et cette mission que nous avons reçue à l'Arche.

Pour éduquer Son Peuple, Dieu se sert beaucoup de la nourriture. Le Peuple de Dieu qui traverse le désert pour aller vers la Terre Promise cherche sa nourriture. Dieu donne alors à son Peuple la manne, cette nourriture qui permet de marcher à travers le désert. Nous avons besoin de recevoir nous aussi notre manne pour marcher sur la terre de l'Arche, pour avancer sur ce chemin avec le petit et le pauvre que Dieu nous confie. Mais quelle est cette manne ?

Quand Dieu, peut-être à notre insu, est venu nous prendre par la main pour nous conduire à l'Arche, c'est pour cette mission : « Extraire du cachot le prisonnier et de la prison ceux qui habitent les ténèbres » (Is 42, 7). Extraire de toutes les prisons du rejet les personnes qui ont un handicap, les extraire des lieux d'enfermement pour vivre avec elles, pour créer « communauté », « famille » avec elles. C'est cela notre appel. Chacun de nous a besoin de découvrir que c'est vraiment Dieu qui l'a pris, qui le prend par la main et qui le conduit à l'Arche pour cela. Comme assistant, nous ne le découvrons pas forcément tout de suite. Parfois même, des assistants ne découvrent cette main de Dieu sur eux qu'une fois qu'ils ont quitté l'Arche.

L'Arche, une terre aride

Ce temps de vie dans la communauté est un temps très important, durant lequel nous avons besoin d'être nourris, comme Dieu nourrit son Peuple dans le désert.

Nous avons besoin d'être conduits par Jésus, notre Bon Berger, vers les gras pâturages pour trouver la bonne nourriture chaque fois que nous en avons besoin.

Dans le livre d'Isaïe, Dieu nous dit :

> « Ne savez-vous pas quel est le jeûne qui me plaît ? Oracle du Seigneur Yahweh : Rompre les chaînes injustes, délier les liens du joug ; renvoyer libres les opprimés, briser tous les jougs ; partager ton pain avec l'affamé, héberger les pauvres sans abri, vêtir celui que tu vois nu et ne pas te dérober devant celui qui est ta propre chair. Alors ta lumière poindra comme l'aurore, ta blessure sera vite cicatrisée. Ta justice marchera devant toi et la gloire de Yahweh derrière toi. Alors si tu cries, Yahweh répondra : « Me voici ». Si tu exclus de chez toi le joug, le geste menaçant et les propos impies, si tu donnes ton pain à l'affamé, si tu rassasies l'opprimé, ta lumière se lèvera dans les ténèbres et tes ombres deviendront plein midi. Yahweh te guidera constamment, dans les terres arides, il te rassasiera » (Is 58, 6-11).

Pour ceux qui y vivent, l'Arche est souvent une « terre aride », parce que c'est une terre exigeante qui oblige à faire des choix, à renoncer à beaucoup de choses du monde et de notre culture, que notre égoïsme voudrait garder, pour faire des « passages », pour vivre les Béatitudes.

Mais Dieu nous rassasie dans cette « terre aride » qu'est l'Arche. Parfois des personnes nous demandent s'il est plus facile de vivre à l'Arche après quelques années ou bien si c'est aussi difficile qu'au début, une fois passée la première phase d'émerveillement. La réponse n'est pas évidente. Je crois que la vie à l'Arche n'est pas plus facile quand on a cinq ans, dix ans, quinze ans et plus de présence qu'au début. Mais ce qui est sûr, c'est que, si l'Arche est toujours une « terre aride », elle est surtout une « terre » où nous recevons la vie, une « terre » sur laquelle nous sommes rassasiés, comblés. Il reste à chacun, avec l'aide de la communauté, de trouver les nourritures dont il a besoin pour la marche.

Comment arriver à vivre sur cette « terre aride » sur cette terre où il n'y a pas beaucoup de télévisions, de cinémas, de distractions dans le sens du monde ? C'est une terre sur laquelle, si nous voulons avancer, il faut faire des choix souvent difficiles. Il faut renoncer à beaucoup de plaisirs pour sortir de son petit « moi » égoïste et essayer de vivre pour les autres. C'est cela, découvrir la communauté.

Tu seras comme un jardin arrosé

Pour prendre racine sur cette terre, il faut être « nourri ». Mais c'est Dieu qui nous rassasiera, c'est Dieu qui nous donnera « vigueur à nos os » comme il le dit encore en Isaïe :

> « Il rendra vigueur à tes os et tu seras comme un jardin arrosé, dans cette *terre aride,* tu seras comme une source jaillissante, dont les eaux ne tarissent pas » (Is 58, 11).

En vivant longtemps à l'Arche, il est possible de devenir comme « un jardin arrosé », comme « une source jaillissante, dont les eaux ne tarissent pas ».

La prophétie d'Isaïe nous appelle à chercher notre nourriture pour vivre sur cette terre de l'Arche, pour vivre cette vie avec le pauvre. C'est une recherche exigeante, à cause de notre diversité. Nous avons vu que les assistants à l'Arche sont très différents les uns des autres par leur engagement, mais aussi par leurs cultures, langues, éducations, pays différents. Les appels sont très divers : certains vivront toute leur vie à l'Arche, d'autres quelques mois, quelques années. Certains sont appelés à vivre à l'Arche dans la vocation du mariage, d'autres dans la vocation du célibat. D'autre part, suivant que nous sommes homme ou femme, nous vivons ces appels et ces besoins de nourriture de façons différentes. A l'Arche, il y a des appels spécifiques pour l'homme et pour la femme, et donc des nourritures différentes.

Accompagnement communautaire et spirituel

Pour découvrir ces nourritures dont nous avons besoin, chacun suivant son appel et sa vocation, nous avons besoin d'aide. Nous avons besoin de nous faire accompagner à la fois par un « aîné » et par un guide spirituel, par un prêtre. Nous avons besoin de nous faire accompagner dans les découvertes que nous faisons sur la communauté, sur les personnes blessées, sur la vie de Dieu en nous, sur nous-même, sur les différents passages que nous sommes appelés à faire. Le rôle de cet accompagnement communautaire et spirituel est essentiel si nous voulons mettre nos racines à l'Arche.

Beaucoup d'assistants qui arrivent à l'Arche n'ont jamais rencontré de prêtre. Souvent, ils découvrent cet accompagnement spirituel en vivant dans la communauté. Cet accompagnement d'un prêtre, d'un pasteur, d'un homme de Dieu les aide à reconnaître leur appel profond, leur vocation d'enfants de Dieu et la manière d'y répondre. Les accompagnateurs spirituels sont là pour nous guider, nous soutenir dans le « oui » que nous avons à donner à Jésus. Ils nous aident à découvrir que nous sommes appelés à vivre à l'Arche ou bien à nous orienter autrement. Ils nous aident beaucoup dans les temps de recherche sur notre état de vie : mariage, célibat, vie consacrée, vie religieuse.

Il y a aussi l'accompagnement communautaire par un « aîné » de la communauté. Cet accompagnement est une nourriture dont nous avons besoin pour avancer, tenir, pour être fidèles à notre appel. Chacun a besoin d'avoir ce lieu d'écoute privilégiée auprès d'un ancien en qui il peut mettre sa confiance, à qui il peut dire ses joies, ses difficultés, ses questions. Cet aîné est là comme un ami, comme un témoin privilégié pour nous encourager sur cette « terre aride », nous confirmer dans ce que nous vivons. Il est pour nous le témoin que cette vie à l'Arche est possible malgré tous les obstacles et toutes les difficultés. Dans les moments plus difficiles, il nous aide à garder confiance dans notre appel. Il nous redit à sa façon la prophétie d'Isaïe : « Tu seras comme un jardin arrosé. »

Je te rassasierai

Dans cette vie à l'Arche, notre source est vraiment le pauvre ; notre nourriture véritable vient du pauvre. Ce sont les pauvres avec qui nous vivons qui nous donnent la nourriture, la manne pour continuer la route. Dans ma propre vie à l'Arche, cela m'a toujours beaucoup touchée de voir comment, à chaque moment, quand j'en avais besoin, il y a toujours eu cet homme ou cette femme pauvre qui a su faire le geste ou dire la parole, qui a su me donner le sourire, le regard dont j'avais besoin, dont j'avais vitalement besoin pour continuer la route.

Ce sont eux qui m'ont souvent donné mon « pain quotidien », le pain qui me permet d'être toujours là avec eux. Ce pain nous permet de vivre, au fil des années, notre vie à l'Arche avec autant de joie et d'enthousiasme que les premiers jours où nous l'avons découverte dans l'émerveillement. Et puis, il y a des jours où nous arrivons à peine à mettre un pied devant l'autre, à faire un pas de plus. Il est bon de savoir, d'avoir cette certitude que pour mettre un pied devant l'autre, il y a toujours un pauvre qui est là, qui sera là, qui me tiendra la main et qui me fera avancer.

☐ Témoignage

Plus j'avance à petits pas dans l'Arche, plus je découvre la grâce d'être appelée à annoncer l'alliance et combien c'est une aide dans la vie quotidienne. C'est une exigence très rude aussi qui, en profondeur, m'oblige à une confiance totale pour ne pas m'arrêter à la peur.

Je viens d'être reconfirmée comme responsable de mon foyer. Mais je t'assure que je dis « oui » dans les ténèbres à ce service demandé par Jésus.

Le jour même, je n'étais pas capable de faire moi-même la « fête ». Et de nouveau les pauvres sont venus à mon aide. Lucie avait cueilli des marguerites, pour fêter cette responsabilité, pendant que j'étais sortie ; et je l'ai aperçue dans l'oratoire. Elle était en train de placer les fleurs sur la croix, car elle n'arrivait pas à prendre le vase placé sur le tabernacle. Alors toutes les deux nous avons orné la croix de fleurs. Cela a été très fort car c'était Lucie qui me rappelait que la croix est ornée de fleurs. Elle me remettait devant l'essentiel : Jésus dans le cœur du pauvre.

Anne

*
**

Ce petit pain de chaque jour, ce pain de Jésus dans le pauvre, se donne dans des choses très simples. Il faut apprendre à les recevoir, à les accueillir comme notre pain quotidien, à travers nos liens d'amitié avec le pauvre.

Si je n'avais pas eu dans ma vie, chaque jour, l'un ou l'autre de mes frères et sœurs pauvres pour me soutenir, me relever, me guider, me nourrir, si je n'avais pas eu Georges et René, Xavier, Sylvie et tous les autres, je ne serais plus à l'Arche aujourd'hui. Ces liens fraternels d'amitié nous sont donnés dans l'alliance avec le pauvre en Jésus : c'est quelque chose de très concret, une nourriture très réelle pour chaque jour.

Il est bon de se réjouir de ces moments qui nous sont donnés ensemble. Un jour, Xavier venait de rentrer de l'hôpital. Avec Xavier, on se connaît depuis longtemps, quinze ans! J'étais émerveillée de l'entendre, de voir la sagesse qui le guide.

Quelque temps auparavant, il avait eu des moments difficiles : il n'allait pas très bien et on ne savait que faire pour lui. Nous avions eu alors une bonne conversation : il m'avait expliqué que, s'il n'allait pas bien, c'était en fait à cause de sa famille. Il se sentait trop rejeté par elle et cela lui avait monté à la tête, cela l'avait perturbé et il avait somatisé ce malaise en faisant un excès de tension qui nécessitait, disait-il, une hospitalisation. De fait, il avait fait alors un séjour à l'hôpital, et maintenant il rentrait au foyer.

Sa lucidité, sa paix, sa confiance si simple, si vraie m'ont nourrie si profondément.

Nous avons besoin de nous nourrir de ces moments d'intimité, de ces moments de présence, de joie qui nous sont donnés avec les uns et les autres. Ce sont vraiment des instants qui comblent notre faim, qui nous rassasient. Cette nourriture, dans notre vie à l'Arche, ne tarira jamais. Bien sûr, à condition que les pauvres soient bien toujours au cœur de notre communauté, de nos vies. Nous avons beaucoup de chance, nous sommes gâtés parce que tout au long de notre vie avec eux, nous sommes sûrs qu'ils nous donneront la manne, que nous pourrons être rassasiés. Ce qui est merveilleux c'est que plus nous avançons, plus les liens sont forts avec les uns et les autres et plus la manne est abondante, plus elle nous rassasie. C'est pourquoi nous pouvons nous encourager les uns les autres en communauté : « Courage à toi qui trouves que la manne n'est pas encore très nourrissante, aie confiance. Cela vaut la peine d'avancer sur cette terre aride. Tu recevras bientôt une manne abondante pour tenir sur le chemin. »

Les liens d'alliance avec le pauvre demeurent au-delà des changements provoqués par la vie : changement de foyer, de communauté. Ce qui nous unit, c'est l'appartenance à un même peuple, le peuple de l'alliance. En allant rendre visite à d'autres communautés de l'Arche, je suis toujours touchée par la joie qui est donnée dans la rencontre, dans la découverte de nouveaux frères et sœurs. Quelque chose nous dit très vite que nous appartenons au même peuple, parce que nous recevons tous la même nourriture, le pain quotidien qui nous est donné par les pauvres.

L'Eucharistie et les autres sacrements

Le pain du pauvre nous conduit vers le pain qu'est le Corps du Christ ; le sacrement du pauvre nous conduit vers le sacrement par excellence qu'est le Corps de Jésus. Ces deux réalités sont comme inséparables dans le Cœur et la vision de Jésus. Et nous expérimentons cela à l'Arche. Il y a là un très grand mystère qui est au Cœur de l'Évangile, au cœur du mystère de l'Incarnation et au cœur de l'Église.

Dans l'Eucharistie, le Corps de Jésus est séparé de son Sang pour signifier le Corps de Jésus crucifié et sacrifié ; mais c'est aussi son Corps ressuscité et glorieux. Quand nous mangeons ce corps et que nous buvons son sang, nous recevons en nous le Cœur de Jésus pour aimer les pauvres avec son Cœur à Lui. C'est ainsi que l'Eucharistie nous conduit à tous ceux qui sont pauvres et crucifiés aujourd'hui, tous ceux qui sont rejetés et se sentent abandonnés. Et eux nous conduisent vers Jésus.

En effet, dans nos vies, nous ne pouvons pas nous arrêter aux pauvres. Le pauvre le sait bien, car notre cœur est fait pour l'amour de Dieu. Le pauvre nous appelle à aller au-delà de lui. Il nous conduit au prêtre ; il nous conduit au pardon, à l'Eucharistie. Combien de fois nous constatons à l'Arche que le pauvre amène les assistants à découvrir et à redécouvrir leur foi. C'est lui qui souvent les entraîne vers les sacrements, vers l'Église. Je parle là surtout de mon expérience.

Oui, pour vivre le mystère de Jésus dans les pauvres, il nous faut ce pain de l'Eucharistie. Si nous oublions leur cri, vite nous oublions le mystère du pauvre et nous risquons de faire de l'Arche une institution, où nous ne vivons plus ensemble. Les assistants deviendront peut-être des pédagogues, mais ce n'est plus une famille, un « corps » uni ; les assistants ne vivront plus le don du pauvre, ce don qui nourrit leur cœur.

Et j'ose dire que si nous nous séparons du pauvre, si nous ne vivons plus avec lui, alors il y a toute une dimension de l'Eucharistie qui nous échappera aussi.

La prière et la Parole de Dieu

En vivant avec le pauvre, nous pouvons découvrir que la prière est quelque chose de très simple. C'est nous qui souvent rendons les choses plus compliquées qu'elles ne le sont. Le pauvre nous apprend à prier de cette prière très simple, de la présence : se mettre en présence de Jésus, se laisser aimer par Lui, par son Père sous le souffle de l'Esprit Saint. Il est souvent nécessaire de lire des livres de spiritualité pour apprendre à prier, mais parfois nous oublions que notre vie à l'Arche, avec le pauvre, est une introduction merveilleuse à une vie d'intimité avec le Père, le Fils et l'Esprit Saint.

Le moment de la prière de chaque soir est un grand moment de don dans les foyers de l'Arche. C'est là aussi que nous recevons la nourriture pour continuer la route. Mais s'il y a la prière du foyer, la prière communautaire, il y a surtout la prière d'intimité avec Jésus, la prière personnelle. Elle est un peu comme notre respiration, ce qu'il y a de plus intime en nous et qui nous donne vie : le cœur à cœur avec Jésus.

Le pauvre est un instrument privilégié de Jésus pour nous faire
pénétrer dans la Parole de Dieu, pour nous faire découvrir combien
cette Parole est notre nourriture quotidienne, combien nous en avons
besoin. Dans les foyers, à la prière du soir, nous lisons la Parole de
Dieu de façon très simple; les livres de Jean Vanier nous y aident
beaucoup[1]. Nous contemplons un dessin qui correspond à une Parole
de l'Évangile, et nous disons ce que cela évoque et nous inspire. Nous
avons tellement besoin de cete manne de la Parole de Dieu! Nous
pouvons être si vite découragés dans notre vie que nous avons vitalement besoin d'entendre Dieu nous encourager à marcher sur cette
« terre aride ».

Le repos et la détente

Il y a aussi des temps de repos à l'Arche : chaque semaine, chaque
année, il y a des moments où on refait ses forces, où on se nourrit.
Chacun de nous a besoin de découvrir la façon dont il doit prendre son
repos. Il n'est pas toujours facile d'en trouver le temps, alors quand il
nous est donné, il ne faut pas gaspiller ce temps si précieux. Ce n'est
pas toujours facile non plus de savoir quoi faire pendant son jour de
repos, comment vraiment se reposer, comment éviter de rentrer au
foyer encore plus fatigué qu'au départ. De même, il faut organiser ses
vacances : c'est tout un art qui mérite nos soins.
En fait, la question des moments de repos, des moments où l'on
peut s'arrêter est importante dans notre vie. C'est durant ces temps-là
que nous pouvons nous refaire, et si nous ne profitons pas de ces
temps pour refaire vraiment nos forces, nous aurons du mal à continuer la route. Nous finirons par trop perdre courage.
Pour refaire nos forces, il ne faut pas faire n'importe quoi. Ce n'est
pas en mettant entre parenthèses toutes les valeurs que l'Arche propose que nous pourrons nous refaire. Il y a une façon de prendre du
repos en refaisant ses forces et une façon de « se reposer » en perdant
des forces. Il n'est pas facile de bien choisir, car une fois en dehors de
la communauté, nous nous sentons libres pour faire un peu ce que
nous voulons, et c'est alors que les choix commencent. Nous allons au
cinéma : quel film allons-nous voir ? Nous partons avec des amis : avec
quels amis et pour faire quoi ? Nous pouvons prendre le minitel, c'est
la mode, mais qu'est-ce que nous pouvons faire avec le minitel ?
Qu'est-ce qu'il nous propose ? La communauté n'est pas là pour nous
soutenir dans nos choix. Nous nous trouvons face à nous-mêmes, face
à nos propres désirs, face aux séductions du monde et face à nos
frustrations. Chacun a des frustrations différentes. Si nous ne refai-
sons pas nos forces en profondeur, nous revenons à l'Arche, après un

---

1. *Je rencontre avec Jésus, Je marche avec Jésus*, aux Editions Anne Sigier.

temps de repos, encore plus fatigués ! Nous risquons alors de nous décourager, de perdre la force pour la lutte, et de partir déçus.

Les temps de détente à l'Arche sont nécessaires aussi, ces temps où nous pouvons « être relax ». Nous en avons tous besoin. La façon de se détendre est différente pour chacun. Pour certains, c'est d'aller voir un film, pour d'autres faire une promenade en forêt, pour d'autres aller chez le coiffeur, regarder un match de foot à la télévision, lire une bande dessinée, etc. La vie à l'Arche est souvent assez tendue et nous avons besoin de souffler, de trouver les petites nourritures qui nous font du bien. Il faut trouver ces moments où nous pouvons vraiment nous détendre et ne pas avoir peur de bien savoir quelle est notre façon à chacun d'être plus détendu. Notre vie est exigeante, et si nous ne faisons pas attention, si l'arc est trop tendu, il cassera.

A l'Arche, nous sommes donc appelés à découvrir notre manne pour chaque jour, cette manne qui nous permet de faire des passages, de descendre l'échelle, d'aller à contre-courant des valeurs que nous proposent en général les sociétés, cette manne qui nous permet de vivre avec le pauvre en vérité. Comme tout chrétien, nous ne pourrons vivre cette vie que si nous demandons à Notre Père, à la suite de Jésus : « Donne-nous aujourd'hui notre pain de ce jour », ce pain qui nous permettra de continuer, là où nous sommes, la grande marche du Peuple de Dieu. Et si nous nous inscrivons, comme Jésus nous l'a appris, dans ce désir de faire à chaque instant la Volonté de notre Père : « Ma nourriture c'est de faire la Volonté de mon Père » (Jn 4, 34).

Thérèse de Lisieux nous montre là aussi la voie : comment vivre et nous nourrir à chaque instant de l'accomplissement de la Volonté de notre Père qui nous aime tant :

> « J'ai remarqué bien des fois que Jésus ne veut pas me donner des provisions. Il me nourrit à chaque instant d'une nourriture toujours nouvelle, je la trouve en moi sans savoir comment elle y est... Je crois tout simplement que c'est Jésus lui-même caché au fond de mon pauvre petit cœur qui me fait la grâce d'agir en moi et me fait penser à tout ce qu'Il veut que je fasse au moment présent [1]. »

---

1. *Manuscrits autobiographiques*, Cerf — Desclée de Brouwer, p. 190.

XX

CEUX QUI ATTENDENT

**J'ôterai de votre chair le cœur de pierre
et je vous donnerai un cœur de chair**

Ce sont, bien sûr, les pauvres qui appellent à la naissance de
nouvelles communautés. C'est la rencontre avec Philippe et Raphaël
dans un hospice, en 1964, qui a provoqué Jean à commencer l'Arche.
Une communauté de l'Arche commence par le cri de personnes en
situation de détresse, et la réponse à leur appel.

C'est ainsi que commence et naît chaque communauté de l'Arche.
Notre cœur est touché, blessé par le cri et la détresse du pauvre. Ce
qui est important, c'est que notre cœur se laisse toucher et blesser par
ce cri. Voilà la Bonne Nouvelle que Jésus est venu annoncer aux
hommes : « J'ôterai de votre chair le cœur de pierre et je vous donnerai
un cœur de chair, je mettrai en vous mon Esprit vous serez mon
peuple » (Ez 36, 26-28). C'est cela aussi la libération des captifs que
Jésus annonce dans la synagogue de Nazareth au début de sa vie
publique.

Ce qui est extraordinaire chez le pauvre, c'est sa capacité de blesser
notre cœur et d'en faire jaillir ce qu'il a de meilleur, d'en faire jaillir
« des sources d'eau vive ». Les rencontres que nous pouvons faire sous
le souffle de l'Esprit Saint sont comme une Pentecôte. Jésus a quitté
cette terre, mais Il nous a dit : « Les pauvres, vous les aurez toujours
avec vous. » Comme Jésus, les pauvres nous montrent le chemin à
suivre, ils nous montrent la voie des Béatitudes. Ils nous indiquent la
direction à prendre pour notre vie. La rencontre avec eux est exigeante, elle nous bouscule, elle nous désinstalle. C'est comme la
rencontre de Jésus avec le jeune homme riche. Si nous rencontrons le
pauvre et qu'à travers lui Jésus nous appelle à Le suivre, nous avons le
choix, nous sommes libres de répondre ou non à son appel. Nous
pouvons dire « oui » et trouver la vie, nous pouvons dire « non » et faire

comme le jeune homme riche qui « s'en alla tout triste, parce qu'il avait de grands biens » (Mt 19, 22). Oui, quand nous croisons le pauvre sur notre route, nous pouvons nous arrêter, entendre le message que Jésus nous dit à travers lui, ou bien nous pouvons continuer notre route, le cœur un peu lourd, le cœur enchaîné parce que nous avons trop de biens.

Il faut se préparer à ces rencontres. Nous nous croyons parfois en sécurité alors que nous allons à notre mort en acccumulant des richesses et des sécurités, en nous installant dans un petit univers bien confortable d'où il sera difficile de nous déloger. Le pauvre va briser cette fausse sécurité et nous faire rencontrer le message de Jésus. Jésus traite certains « puissants » comme des sépulcres blanchis, comme une race de vipères. Il ne mâche pas ses mots, Jésus va droit au but, même si cela fait mal : il veut changer nos cœurs et les introduire dans l'amour.

Quitte ton pays, ta parenté

Le pauvre nous provoque, nous désinstalle, il amène à entendre cette Parole de Dieu à Abraham : « Quitte ton pays, ta parenté, et la maison de ton père pour le pays que je t'indiquerai » (Gn 12, 1).

Cet appel et ce cri du pauvre sont si forts qu'ils appellent à la vie, à la naissance, des communautés nouvelles. C'est autour de lui que se fonde une communauté de l'Arche. Il possède en lui des puissances d'amour, des puissances de l'Esprit qui suscitent chez des hommes et des femmes de bonne volonté la démarche d'Abraham : « Quitte ton pays, ta famille et va. » Le pauvre nous appelle à donner la vie. Nous savons qu'il n'y a pas de plus grande preuve d'amour que de donner sa vie pour ceux que nous aimons. Il suscite en nous ce mouvement de donner notre vie pour ceux que nous aimons, de créer « communauté ».

Le pauvre fera alors partie de notre vie. Comme il fait partie de la vie de l'Église, l'Église des pauvres, et comme il fait partie de la vie de tout homme et de toute femme de bonne volonté. Le chemin de l'humanité est un chemin de pauvreté, de petitesse. Le chant de Marie, le Magnificat, est au cœur de la marche de l'humanité vers son Sauveur : « Il disperse les superbes, il renverse les puissants de leur trône, il élève les humbles. Il comble de biens les affamés, renvoie les riches les mains vides. » Ce chant de Marie est bien le chant de l'humanité. Il n'y a pas d'autre voie possible pour être sauvé.

Viens me rejoindre

Dieu répond toujours au cri du pauvre. Il faut le croire, c'est un acte de foi qui nous est demandé.

Dans un hospice près de Jérusalem, j'ai rencontré Bassam, Hayfa et tous les autres qui n'étaient qu'un cri, un appel : « Viens me rejoindre ; je suis ton frère, ta sœur, j'appartiens à ta race, à ton peuple, tu ne peux pas me laisser dans cette détresse. Viens me rejoindre. »

Quand notre cœur est blessé par ce cri du pauvre, nous devenons responsable de lui. Son cri, en rejoignant notre cœur, devient une blessure qui reste là, inscrite en nous, et Jésus nous demande de le porter, d'en être responsable. Bien sûr, nous ne pouvons pas être atteints par tous les cris des pauvres, mais Dieu appelle, et nous demande d'être responsables de telles ou telles personnes dans le besoin ou en détresse.

Il n'est pas difficile de les rencontrer, c'est à la portée de chacun de nous. Cela commence souvent dans notre propre famille, mais parfois nous passons alors sans les voir. Notre cœur est blessé par cette rencontre, mais nous refermons vite la blessure, alors que Jésus nous demande de porter la souffrance de cette personne. Cela est proposé à chacun de nous, si nous voulons bien ouvrir notre cœur, nos yeux et nos oreilles à son cri. Il est important que notre cœur soit ouvert, préparé à cette rencontre. C'est par là que nous trouverons la vie et que nous donnerons la vie à d'autres.

Lors du premier pèlerinage que j'ai fait en Terre Sainte, en 1978, et d'où j'ai rapporté beaucoup de beaux souvenirs, j'ai été touchée, bien sûr, par la découverte du pays de Jésus. J'ai été bouleversée de pouvoir prier à Bethléem, à Nazareth, à Jérusalem. Mais mon cœur a été blessé surtout par les rencontres avec les pauvres dans un hospice près de Jérusalem. C'est un peu de cette blessure qu'est née la communauté de l'Arche à Béthanie. C'est parce que je l'ai portée dans mon cœur et que j'en ai parlé, parce qu'elle était présente en moi, parce que j'ai supplié Jésus d'entendre les cris de ces pauvres, et de susciter des hommes et des femmes qui les entendent aussi, qu'en 1980 les premiers contacts ont été pris pour créer cette communauté de l'Arche à Béthanie. De ces contacts et de beaucoup d'autres démarches est née cette petite communauté en décembre 1986. Son enfantement a été long et douloureux, et il n'est pas fini, mais il est déjà si beau de voir la vie renaître en chacun et de voir les assistants donner la vie à ceux qui vivent avec eux ou qui viennent les voir. Un peu d'espérance a jailli à partir des pauvres, dans ce quartier palestinien musulman. Alors que nous nous promenions avec Rula, des femmes bédouines osaient nous dire en nous saluant : « Vous accueillez les pauvres, vous êtes bénis d'Allah. »

Nous ne pouvons prendre que quelques hommes parmi ceux qui vivent dans cet hospice et cela dans l'atelier seulement, mais par eux, une espérance est née aussi pour les autres. Chaque semaine, nous allons leur rendre visite, et certains viennent parfois chez nous pour des fêtes. Ainsi ils sont venus une dizaine fêter la fin du Ramadan au foyer. Et puis, ils deviennent les amis de nos amis. Fatmé, la femme d'Ali notre propriétaire n'était jamais entrée dans cet hospice. En voyant souvent les uns et les autres venir à la maison, elle s'est posé des questions. Elle les a rencontrés, elle les a aimés et elle a demandé d'aller avec nous leur rendre visite. Elle a été très émue de cette visite. Elle leur a donné de beaux vêtements. Elle est encore plus heureuse maintenant de voir l'accueil que nous faisons à chacun d'entre eux au Foyer. Chaque fois que des amis viennent nous voir, nous leur faisons connaître, rencontrer nos amis de l'hospice, car ils font partie de la famille.

J'ai eu beaucoup de joie, lors d'une visite en mars 1987, quand j'ai vu arriver Bassam dans notre petit atelier. Il est une des premières personnes que j'ai rencontrées en 1978 dans cet hospice. C'est un homme extraordinaire ; il est tout amour. J'ai été bien touchée par sa présence à l'atelier. Quelle joie, quel amour rayonne sur son visage.

Et pourtant sa vie a été, en un sens, impossible. « Considéré comme moins que rien. »

Quel mystère ! Il est sûr que Jésus vient directement te visiter, Bassam, et qu'Il habite en toi. C'est ton secret.

De la blessure que j'ai vécue en 1978 est donc née, d'une certaine façon, cette petite communauté. Il me semble important de savoir, de croire surtout, que de ces blessures que nous portons en nous, de nos rencontres avec les pauvres, peut jaillir la vie. Jésus nous rend responsables de ce que l'Esprit Saint suscite en nous lors de ces rencontres. Une blessure par le pauvre, c'est quelque chose d'important, quelque chose de grand que Jésus fait dans notre cœur. C'est de cette blessure que va jaillir la vie. C'est de ces blessures que va jaillir la naissance de nouvelles communautés qui seront signes d'espérance, comme cette très petite communauté de l'Arche à Béthanie qui est peut-être un petit signe d'espérance pour le peuple palestinien.

Rien n'est impossible à Dieu

Jésus nous demande cet acte de foi, Il nous demande de croire à l'impossible, car « rien n'est impossible à Dieu ».

Ces blessures que la rencontre avec le pauvre crée dans notre cœur sont comme des annonciations. L'annonciation, c'est l'annonce de la bonne nouvelle qui se réalise en nous. L'Annonciation de Marie est la réalisation en elle, après son « oui », de cette annonce de l'ange qu'elle sera la mère de Jésus, la Mère de Dieu. L'annonciation, pour nous, est la réalisation en nous de l'annonce de la Bonne Nouvelle. Jésus est venu nous sauver, nous délivrer et nous donner un commandement nouveau : « Aimez-vous les uns les autres comme je vous ai aimés » (Jn 15, 12). Il faut que notre cœur soit blessé pour vivre et pour recevoir ces annonciations.

☐ **Témoignage**

Si le grain de blé tombé en terre...

Francesca...

Il y a parfois des rencontres qui durent quelques instants et qui ont goût d'éternité, tant l'instant vécu est riche et profond et a l'intensité d'une étincelle de feu.

Un court moment qui semble porter en soi une telle force qu'il devient point de départ d'un cheminement et auquel on se réfère dans les moments obscurs comme à une toute petite lumière qui ne peut s'éteindre.

La rencontre avec Francesca fut un de ces moments si privilégiés. Elle était là, dans son fauteuil roulant, sur la terrasse de l'orphelinat à Rome où étaient regroupés quelques enfants âgés comme elle de quatre ou cinq ans.

Francesca ne marchait pas, ne parlait pas, ne voyait pas... mais son visage si clair et si délicat était comme une invitation à s'arrêter près d'elle. Et son sourire appelait à créer des liens d'amitié.

La soif, le cri de Francesca à travers ce sourire qui émanait de tout son être blessé, sa présence et son attente d'être aimée, touchée, accueillie étaient si fortes qu'ils ont résonné dans nos cœurs comme un gong joyeux et grave, qu'ils nous ont attirés de façon irrésistible comme un aimant.

D'où venait cette étonnante capacité de toucher si profondément des cœurs et de les rendre vulnérables pour accueillir ce cri qu'elle portait en elle : « Veux-tu vivre avec moi ? »

Sur le seuil de l'orphelinat, il était clair que Francesca serait la petite fondatrice d'une communauté pour des enfants ayant un handicap mental et n'ayant pas de famille.

Mais cette petite graine, si fragile, une fois jetée en terre devait « mourir pour porter beaucoup de fruits ». Et avant même d'être accueillie dans la petite communauté naissante, alors que les démarches étaient faites, Francesca, atteinte d'une très grave bronchite, partait aussi discrètement qu'elle avait vécu.

(...) d'autres récolteraient ce qu'elle avait semé. C'est pourquoi ce furent Fabio (sept ans) et Maria (quatre ans) qui commencèrent la petite communauté portée par Francesca.

Et le nom choisi pour la communauté porte en lui le don de Francesca : « il Chicco[1] », le grain de blé.

Guenda.

---

1. La communauté du Chicco accueille aujourd'hui cinq enfants, tous provenant de cet orphelinat de Rome. Un deuxième foyer, pour des adolescents et adultes est en train de s'ouvrir. En mai 1987, le Chicco a pu ouvrir une petite école pour des enfants ayant de lourds handicaps.

Comme toute naissance, celle d'une communauté est le fruit d'une rencontre et d'un «oui» donné. Pour une communauté de l'Arche, c'est la rencontre de pauvres avec des hommes et des femmes de bonne volonté qui se laissent blesser par leur cri.

«Ne passe pas trop vite, ne mets pas trop loin de ta vie cette rencontre. Elle est pour toi et pour les autres Bonne Nouvelle. C'est un passage de Dieu qui t'appelle à découvrir les sources d'eau vive qui sommeillent en toi et dont les pauvres ont tant besoin. Dont tu as tant besoin.

«Aie confiance, à partir de cette blessure tu es appelé à donner la vie. »

CONCLUSION

En terminant ce livre sur quelques aspects de la vie avec le pauvre dans les communautés de l'Arche, j'ai besoin de demander pardon à tous les pauvres que j'ai blessés, que je n'ai pas osé regarder avec respect, avec amour durant toute ma vie, et spécialement durant toute ma vie à l'Arche. Oui, je demande pardon de n'avoir pas su aimer, accueillir chacun, comme un envoyé de Dieu sur ma route. Pardon à tous ceux que j'ai blessés en exerçant mal l'autorité -en ne l'exerçant pas comme Jésus nous l'a appris dans le lavement des pieds : comme un serviteur, une servante douce et humble, comme un enfant. Pardon à toi que j'ai croisé, pour toutes les fois où je n'ai pas su vraiment « découvrir ton visage ».

« Découvrir ton visage », c'est d'abord découvrir le visage du pauvre. C'est découvrir la beauté, la grandeur de l'enfant de Dieu qui habite en toi, qui habite en tout être humain et qui est un reflet du Visage de Dieu. C'est découvrir la beauté de tout être humain quel qu'il soit, petit, grand, riche, pauvre, bien portant, souffrant, agonisant. « Découvrir ton visage », c'est pénétrer dans ton secret, le secret du pauvre qui habite en toi, le secret de Jésus qui habite en toi. C'est aussi pénétrer dans ta souffrance - la souffrance qui est au cœur de ta vie et qui est un appel ; un cri vers Ton Sauveur. Sur chaque trait de ton visage est inscrite une partie de ta vie. C'est avec ce visage, ce visage intérieur qu'il te sera donné un jour de rencontrer ton Dieu, de le voir dans ce face à face, ce cœur à cœur éternel- auquel nous sommes tous conviés.

Si la route te semble longe, rude, sans fin, sans espérance, garde confiance, tu es attendu à la rencontre des Noces éternelles de l'Agneau. C'est là que ta route se termine. C'est là que Jésus t'attend.

Il n'y a pas d'autre issue à redouter, si tu veux bien mettre ta main dans Sa main, ton pas dans Son Pas, ton cœur de pierre dans Son Cœur de chair et te laisser conduire par Lui comme un enfant ; comme un pauvre, comme un bien-aimé de Dieu. Alors c'est Jésus lui-même qui découvrira ton visage, et ton visage deviendra comme le visage de Jésus Ressuscité, un Visage resplendissant de la Gloire du Père pour l'éternité.

« Découvrir ton visage », cela veut dire aussi découvrir à travers le visage du pauvre ce Visage de Jésus. Jésus ton Sauveur qui te dit : « Viens et suis-moi. »

Oui, Jésus est toujours assis là au bord du puits pour toi, comme il était assis pour la Samaritaine. Il ne se lasse jamais de t'attendre. Il est là comme un mendiant, attendant ton regard pour te dire : « Je t'aime, n'aie pas peur, c'est Moi, je suis là avec toi, donne-moi à boire. »

Jésus est ce mendiant d'amour, qui en ses pauvres demande à boire : « J'ai soif. » Ne passe pas ta route sans le voir. Ose tourner les yeux vers Lui en regardant les plus petits d'entre les siens. Ose reconnaître Sa Face dans les traits de leur visage. Ose rencontrer le Fils de Dieu, l'Agneau de Dieu, le Verbe qui s'est fait chair, qui s'est fait le petit de Marie. Ose croire que Jésus t'attend, qu'Il t'attend toujours à ce puits, qu'Il n'est jamais fatigué de t'attendre. Ose l'entendre te dire à travers les appels silencieux de ses pauvres : « Donne-moi à boire. »

Et puis, n'aie pas peur de le laisser à son tour découvrir ton visage. Lui Seul sait ce que tu vis, Il te connaît depuis que tu as été conçu dans le ventre de ta mère. Lui seul sait tout ce que tu ne sais pas sur toi. Lui Seul sait que depuis toute éternité tu es appelé à faire les délices de ton Dieu. Lui seul peut te dire : « Je t'ai appelé par ton nom et tu es à Moi. »

Le grand secret qui nous est donné à l'Arche, c'est bien cela. Découvrir à travers le visage du pauvre le visage de Jésus, et par là notre vrai visage, notre visage d'enfant de Dieu, aimé par Jésus sous le souffle de l'Esprit. C'est un chemin privilégié pour entrer dans la première Béatitude : « Heureux les pauvres en esprit car le Royaume des Cieux est à eux. »

Je voudrais terminer ces pages par une action de grâce pour avoir été appelée par Jésus à partager ma vie avec ses pauvres. Avec quelques pauvres à l'Arche. C'est un appel bien simple, bien petit. Ce n'est

pas une vie qui fait beaucoup de bruit. C'est un appel à descendre
l'échelle des privilèges, de la promotion sociale. C'est un appel à venir
à la grotte à la suite des pauvres bergers de Bethléem pour adorer
l'Enfant auprès de Joseph et de Marie. Oui, je rends grâce pour cet
appel à contempler Jésus dans le pauvre, avec qui il m'est donné de
vivre, mais aussi dans tous les pauvres, cet appel à contempler Jésus
enfant, Jésus souffrant, Jésus agonisant dans tous les pauvres du
monde - les rejetés, les exclus, les prisonniers, les malades, les réfugiés, les affamés, les drogués, les mal-aimés.

Je te rends grâce, Jésus, pour tous ces frères et sœurs à travers le
monde que tu as appelés et qui te suivent, mettant leur main dans Ta
main, leurs pas dans Tes pas, leur cœur dans Ton Cœur, et qui disent
« oui » comme toi et en toi à cette alliance avec le pauvre. Cette alliance
à laquelle tu convies chaque homme et chaque femme de bonne
volonté. Cette alliance à laquelle tu nous convies tous pour que Ton
Règne vienne :

> « Venez, vous qui êtes bénis par Mon Père et recevez le Royaume qui a
> été préparé pour vous depuis la création du monde. Car j'ai eu faim et vous
> m'avez donné à manger ; j'ai eu soif et vous m'avez donné à boire ; j'étais
> un étranger et vous m'avez accueilli chez vous ; j'étais nu et vous m'avez
> habillé ; j'étais malade et vous avez pris soin de moi ; j'étais en prison et
> vous êtes venus me voir... Je vous le déclare, c'est la vérité : toutes les fois
> que vous l'avez fait à l'un de ces plus petits de mes frères, c'est à Moi que
> vous l'avez fait » (Mt 25, 34-36 et 40).

BIBLIOGRAPHIE

Livres de Jean Vanier
— *Ton silence m'appelle*, Editions Fleurus, Paris 1974
— *Ouvre mes bras*, Editions Fleurus, Paris 1974
— *Disciple de Jésus*, Editions Fleurus, Paris 1978
— *Ne crains pas*, Editions Fleurus, Paris 1978
— *La Communauté, lieu du pardon et de la fête*, Editions Fleurus, Paris 1980
— *Je rencontre Jésus*, Editions Anne Sigier, 1981
— *Je marche avec Jésus*, Editions Anne Sigier, 1985
— *Homme et femme, Il les fit*, Editions Fleurus, Paris 1984
— *Larmes de silence*, Edition du Cerf, 1987

Autres livres sur l'Arche
— *Un pari pour la joie*, Bill Clarke, Editions Bellarmin
— *Vivre une alliance dans les foyers de l'Arche*, Editions Fleurus-Novalis, Paris 1981
— *Déracinement et enracinement des personnes handicapées*, A.M. de la Selle et A. Maurice, CTNER, Paris 1986

Lettres de l'Arche, quatre numéros par an 50 F
Lettres de l'Arche
B.P. 35
60350 Cuise-la-Motte

CHARTE DES COMMUNAUTÉS DE L'ARCHE

Nécessité d'une charte

Une charte de l'Arche, partant de l'esprit de la fondation initiale, s'avère nécessaire, car la tradition orale devient insuffisante au fur et à mesure que l'œuvre grandit et que les maisons sont de plus en plus éloignées les unes des autres.

Son but est de rappeler l'inspiration fondamentale de l'Arche, d'aider l'approfondissement d'un même esprit et de l'unité qui en découlera.

Les différentes communautés locales seront appelées à élaborer leur charte propre (ou statuts) à partir de leur vocation spécifique et selon des inspirations ou des exigences différentes de Dieu. Elles s'appuieront sur les lignes essentielles présentées dans la charte de base.

L'inspiration initiale

Nous croyons que chaque personne, handicapée ou non, a une valeur unique et mystérieuse. Parce que l'handicapé est une personne humaine à part entière, il possède les droits de tout homme : droit à la vie, aux soins, à l'éducation, au travail.

Nous croyons également que la personne blessée dans ses capacités et dans son psychisme a des possibilités d'amour que l'Esprit de Dieu peut faire surgir et nous croyons que Dieu l'aime de façon privilégiée à cause de sa pauvreté même.

Par son handicap et les rejets dont elle a souffert, la personne blessée peut avoir des aspects heurtants mais elle peut également avoir des qualités de simplicité, d'accueil, de joie et de paix qui peuvent rayonner, si elle se trouve en sécurité et dans un milieu où le développement de ses capacités soit soutenu.

Notre inquiétude est grande devant le monde de la souffrance et le nombre des handicapés mentaux qui sont rejetés, sans travail, sans foyer ou qui sont enfermés dans les hôpitaux psychiatriques. Mais cette inquiétude ne doit pas être paralysante. C'est elle qui nous incite à travailler pour les rejetés en créant des communautés de paix et en œuvrant pour que notre société soit plus juste et plus fraternelle à l'égard de tous les hommes.

La vie communautaire

Le but premier de l'Arche est de créer des communautés inpirées par les béatitudes et l'esprit de l'Evangile.

Ces communautés cherchent à être des communautés de paix, où les handicapés et assistants vivent, travaillent, prient ensemble, partagent leurs souffrances et leurs joies comme des frères. Ils se savent tous handicapés, pour certains le handicap étant plus extérieur, pour d'autres plus intérieur (égoïsme, orgueil...). Ces communautés sont marquées par la pauvreté qui se traduit en particulier par la simplicité de vie et plus encore par un certain dépouillement vis-à-vis des biens culturels.

Ces communautés voudraient être des communautés d'espérance, où handicapés et assistants cherchent à progresser sur le plan humain et spirituel, à atteindre toute l'autonomie de vie et de travail dont ils sont capables et à répondre à la vocation personnelle et secrète à laquelle Dieu les appelle.

Ceci conduira certains à rester toute leur vie dans nos foyers de l'Arche en appronfondissant leur union à Dieu et leur vie communautaire, et d'autres à s'insérer dans la société et dans le monde du travail.

Les communautés de l'Arche présentent deux modalités :
— les foyers de vie qui attachent une grande importance à l'accueil et à l'hospitalité de tout hôte de passage, visiteurs, stagiaires ;
— les communautés de travail (ateliers) ou d'activités diverses qui viennent aider à acquérir le sens de la matière, à participer à des activités créatrices, à recevoir, quand cela est possible, une formation professionnelle qui permettra une insertion dans le monde du travail.

Foyers et ateliers cherchent à mettre en œuvre les ressources de la science et de la technique qui peuvent aider les handicapés à progresser.

Ces communautés sont insérées dans la société et en sont partie prenante. La société leur apporte, au moins en partie, un financement, des techniques, des professionnels, du travail.

Les communautés, loin de fuir la société, voudraient, comme le levain dans la pâte, contribuer à leur manière à transformer son esprit (individualisme, recherche des plaisirs, acquisition des richesses, de la grandeur, priorité à l'intelligence et à la technique), à retrouver une espérance et par là à rejoindre une échelle de valeurs plus proche de l'Evangile.

L'Arche peut être ainsi un signe de contradiction, un point d'interrogation, un appel. Ceux qui ne vivent pas encore ces valeurs ne doivent pas se sentir jugés, ni condamnés. Mais de l'intérieur, ils se sentent souvent attirés à les faire leurs et trouvent ainsi une nouvelle inspiration à leur vie.

L'Arche cherche à participer à la prise en charge des handicapés de la région et se sent concernée par le problème de tous les handicapés du monde entier. Elle ne veut pas se borner à être un lieu clos où quelques handicapés vivent heureux.

Cela implique une collaboration avec les entreprises privées, industrielles ou commerciales, avec les administrations officielles et si possible une présence auprès des instances où s'élaborent les lois, les projets...

Les membres d'une communauté

Les communautés de l'Arche sont constituées par :
— des hommes et des femmes blessées dans leur corps et leur psychisme (raison, imagination, affectivité profonde...) qui sont au cœur même de la communauté. Ils sont accueillis sans distinction de religion, ou de milieu social. Une priorité est cependant donnée aux plus déshérités et aux abandonnés ;
— des assistants (avec ou sans formation professionnelle) qui ont choisi de partager leur vie avec les personnes handicapées ;
— des professionnels qui souvent ne seront pas appelés à vivre avec les handicapés. Cependant, ils font partie de la communauté par le partage des objectifs et le regard qu'ils portent sur la personne handicapée. L'apport de leur technique est indispensable pour favoriser le progrès maximum de chacun ;
— des membres des conseils d'administration ou des différents comités qui soutiennent l'Arche et assument la responsabilité légale et administrative de l'association ;
— les parents des handicapés, qui tiennent une place très spéciale dans la communauté. Une collaboration étroite doit s'établir avec eux suivant des modes très personnalisés. Il faut aider les parents à sortir de leur déception et de leur tristesse pour découvrir la personne unique de leur enfant et trouver le mystère d'espérance et de joie dans et par la souffrance ;
— des personnes qui ont passé (ou non) un temps dans un foyer de l'Arche et qui, sans pouvoir ou vouloir s'y fixer, y vivent par le cœur ou par l'esprit à des degrés d'engagement très divers. Elles entrent dans cette communauté spirituelle. Elle peuvent en être parfois de vrais inspirateurs ou animateurs et contribuer au rayonnement de l'Arche ;
— les voisins, les habitants du village ou du quartier ont également leur place spécifique dans la communauté. Les communautés sont heureuses de les accueillir et essaient de développer un climat d'estime réciproque, d'amitié, de soutien mutuel.

En rapprochant par des liens profonds des personnes de tout âge, de tout niveau intellectuel, de tout rang social, l'Arche voudrait travailler à cette unité à laquelle Jésus nous appelle tous. Au cœur de cette unité se trouve le petit, le pauvre, le faible, le souffrant à qui Jésus a manifesté sa prédilection et auquel Il s'est identifié.

L'ARCHE INTERNATIONALE
LISTE DES COMMUNAUTÉS

ALLEMAGNE

Tecklenburg
Ulrike Durrbeck
Apfelallee 23
4542 Tecklenburg
Ledde
(49) 54 82 77 00

AUSTRALIE

Canberra
Matthew Marosszeky
Genesaret
P.O. Box 1326
Woden, ACT 2606
61 (62) 81 26 30 (house)
         82 27 27 (office)

Hobart
Peter Ryan
Beni Abbes
40, Pirie St.
New Town 7008
(61) 002 28 31 68

Sydney
Tony Rea
306 Burwood Road
Burwood 2134, NSW
(61) 2 747 53 16

Coordinator
Helen Merrin (April 1988)

BELGIQUE

Coordinatrice
Colette Bruyère
73, rue Souveraine
B-1050 Bruxelles
(32) 2 513 20 99 (foyer)
      2 733 47 66 (bureau)

Bièrges
Ignace d'Huyvetter
Aquero
14, rue St. Pierre
B-1301 Bièrges
(32) 10 41 43 86

Boechout
Jo Van de Weerd
L'Arche Antwerpen
Madona
12, Janssenlei
B-2530 Boechout
(32) 34 55 45 32

Bruxelles
Luc Ganty
35, rue des Bataves
B-1040 Bruxelles
(32) 733 47 66

Liège
Anne Dideberg
Le Murmure
82, rue Joseph Huberty
4171 Comblain la Tour
(32) 41 69 22 75 (Le Murmure)

Namur
Léon Mathy
L'Arche Namur
Chaussée de Waterloo, 118
B-5002 St Servais
(32) 81 73 02 83 (Cascatelle)
      81 21 41 60 (Bartrès)

BRESIL

Sao Paolo
Maria Silvia de Jesus Tavarez
rua Manuel Aquilino dos Santos, 151
CEP 02873
Jardin Elisa Maria
Sao Paolo CP
(55) 11 857 6261

BURKINA FASO

Ouagadougou
Elisabeth Hunter
Nangr Maascm
BP 1492
Ouagadougou

CANADA

Amos, P.Q.
Agathe Dupuis
191 2ᵉ avenue Ouest
Amos, P.Q.
J9T 154
1 (819) 732 5036

Antigonish, N.S.
Judy O'Donnell
L'Arche Antigonish
69 St. Ninian Street
Antigonish, N.S.
B2G 1Y7
1 (902) 863 5945

Belœil, P.Q.
Isabelle Robert
Fleurs de Soleil
221 Bernard Pilon
Belœil, P.Q.
J3G 1V2

Calgary, Alberta
Pat Lenon
L'Arche Calgary
410 53 Ave. S.W.
Calgary, Alberta
T2V OB7
1 (403) 255 3909 (office)
        255 6083 (house)

Cap de la Madeleine
Genevieve Papillon
La Maison de l'Amitié
239 des Erables
Cap de la Madeleine, P.Q.
G8T 5G9

Edmonton, Alberta
Rosaire Blais
Shalom
6109 - 97A Ave
Edmonton, Alberta T6B 1E2
1 (403) 465 0618

Frontenac, Ontario
Jim Adamchick
L'Arche Frontenac
Old Farm Road
Harlow, R.R.1
Arden, Ontario K0H 1b0
1 (613) 336 2260 (office)
        336 2231 (house)

Green Valley, Ontario
Gilles Touzin
La caravane
R.R. 2
Green Valley, Ontario K0C 1L0
1 (613) 525 1921 (bureau)

Hamilton, Ontario
Elisabeth Paige
78 Sherman Ave. S.
Hamilton, Ontario L8M 2P7
1 (416) 549 8391

Hull, P.Q.
Jean-Christophe Pascal
Agapé
19 rue Front
Hull, P.Q. J8Y 3M4
1 (819) 663 5735 (foyer)
        770 2000 (bureau)

North Bay, Ontario
Claire Trahan
Kara Foyer
102 First Ave. East
North Bay, Ontario P1B 1J6
1 (705) 474 0168

Orangedale, N.S.
Tom Gunn
Corinthian House
R.R. #1
Orangedale, N.S. B0E 2K0
1 (902) 756 2976

Ottowo, Ontario
Kathleen Cochlan
Alleluia House
831 Broadview Ave.
Ottawa, Ontario K2A 2M6
1 (613) 729 1601

Québec, P.Q.
Edouard Casaubon
L'Etoile
617 Franklin
Québec, P.Q. Gin 217
1 (418) 681 9446 (foyer)
        648 9588 (bureau)

St Malachie, P.Q.
Gaston Boileau
Le Printemps
1385 Rue Principale
St. Malachie, P.Q. G0R 3N0
1 (418) 642 5785 (bureau)
642 2325 (foyer)

St Prosper
Arc-en-Ciel
4990 Rang Sacre Cœur
St. Prosper
Beauce, P.Q. G0M 1Y0
1 (418) 594 5428

Ste Thécle, P.Q.
Lise Charest
L'Ecureuil
1811 Chemin St. Thomas
Sainte Thécle
Laviolette, P.Q. G0X 3G9

Stratford, Ontario
Mary Bastedo
Maranatha
82 Huron Street
Stratford, Ontario N5A 5S6
1 (519) 271 9751

Sudbury, Ontario
Sister Peggy Keaney
Emmaus House
1241 Parisien Street
Sudbury, Ontario P3A 3B5
1 (705) 560 1966

Toronto, Ontario
Joe Egan
Daybreak
11339 Yonge Street
Richmond Hill, Ontario L4C 4X7
1 (416) 884 3454

Sue Mosteller
Dayspring
1 (416) 737 4962

Vancouver, B.C.
Zoel Breau

Shiloah
7401 Sussex Avenue
Burnaby, B.C. V5J 3V7
1 (604) 434 1933 (office)
435 9544 (house)
Margaret O'Donnell
1 (604)438 6883

Verdun, P.Q.
Raphaël Amatto
La Colombe
1030 3rd Avenue
Verdun, P.Q. H4G 2X8
1 (514) 761 7270

Victoria, B.C.
Jim Beaubien
L'Etable
2663 Fernwood Ave.
Victoria, B.C. V8T 3A1
1 (604) 595 1014

Winnipeg, Manitoba
Marthe Rawe
Rosseau Court
420 Rosseau Ave. E.
Winnipeg, Manitoba R2C 0K8
1 (204) 222 3683

Wolfville, N.S.
Debbie Moore
Homefires
P.O. Box 1296
Wolfville, Nova Scotia B0P 1X0
1 (902) 542 3520

CÔTE D'IVOIRE

Bouaké
Claude Pariseau
04 BP 373, Bouaké 04
République de Côte d'Ivoire
(19) 225 63 44 53

DANEMARK

Helsingor
Birgit Boeken-Hanson
Niels Steensen Hus
Nygrade 6
3000 Helsingor
45 (2) 21 21 39

ESPAGNE

Barcelona
Ramon Franquesa
El Rusc
Lista de Correos
Tordera - Barcelona 008399
34 (3) 764 0150 (El Rusc)
93 83 00 301 (Moïa)

ÉTATS-UNIS

Boston, Massachusetts
Elizabeth Buckley
Irenicon
73 Lamoille Ave
Havenhill, Mass. 01830
1 (617) 374 6928

Cleveland, Ohio
Donna Dorsey
Lamb of God
1730 E. 70th Street
Cleveland, Ohio 44103
1 (216) 881 0682
          881 7015 (office)

Clinton, Iowa
Stephanie Lange
The Arch
302 S. 4th Street
Clinton, Iowa 52732
1 (319) 243 3980

Erie, Pennsylvania
Marion Zarneck
The Hearth
523 W. 8th Street
Erie, Penn. 16502
1 (814) 452 2065
          459 4850

Erie, Pennsylvania (cont.)
Paula Simon
Regional Coordinator

Kansas City, Missouri
Sister Christella Buser
9187 W. 85th St.,
Overland Park, Kansas 66212
1 (913) 642 6070

Mobile, Alabama
Marty O'Mally
Hope
161 Michigan Avenue
Mobile, Alabama 36604
1 (205) 438 6738 (house)
          438 2094 (office)

Seattle, Washington
Debbie Toman
Noah Sealth
816 15th Ave. E.
Seattle, WA 98112
1 (206) 325 8912

Spokane, Washington
Steve Rothrock
E 3403 Farwell Road
Mead, Washington 99021
1 (509) 466 9713

Syracuse, New York
Debbie Wilke
L'Arche Syracuse
1701 James Street
Syracuse, N.Y. 13206
1 (315) 437 9337
          471 5862

Tacoma, Washington
Ric Rose
Tahoma Hope
The Farmhouse
11716 Vickery Rd. E.
Tacoma, WA 98446
1 (206) 535 3171 (farmhouse)
          535 3178 (office)

Washington, D.C.
Dennis Calderone
Community of the Ark
2474 Ontarion Road N.W.
Washington, D.C. 20009
1 (202) 462 3925

FRANCE

Ambleteuse
Solange Michau
Les Trois Fontaines
62164 Ambleteuse
21 32 61 83 (bureau)

Anneville-sur-Scie
Jean-Philippe Dunesme
Communauté de l'Arche
Ecorchebœuf
76290 Anneville-sur-Scie
35 04 40 31

Clohars Fouesnant
Bertrand Aupècle
Le Caillou Blanc
La Fabrique
Clohars Fouesnant
29118 Bénodet
98 54 60 05

Compiègne
Thibault d'Amecourt
Le Levain
1, Place St Clément
60200 Compiègne
44 86 25 03

Gordes
Denis Blin
Le Moulin de l'Auro
Route de Murs
84220 Gordes
90 72 04 55 (bureau)

Gorges
Catherine Lefeuvre
Le Sénevé
21, rue l'Abbé Larose
44190 Gorges
40 06 96 23

Hauterives
Louis Pilote
Moïta
St Germain
26390 Hauterives
75 68 81 84

Jarnac
Jacques Macabéo
La Merci
Courbillac
16200 Jarnac
45 21 74 16 (bureau)

Nueil-sur Layon
Emile Marolleau
La Rebellerie
49560 Nueil-sur-Layon
41 59 53 51 (bureau)

Paris
Toni Paoli
Arc-en-Ciel
334 rue de Vaugirard
75015 Paris
1 45 32 83 91 (foyer)
1 42 50 06 48 (bureau)

Anne Chabert d'Hieres
Coordinatrice Régionale
41 rue Sebastien Mercier
75015 Paris

St Remy les Chevreuses
Philippe de la Chapelle
Aigrefoin
78470 St. Remy les Chevreuses
1 30 52 21 07

Segonzac
Michèle Paillaud
Les Sapins
Les Abels
Lignières-Sonneville
16130 Segonzac
45 80 50 66

Trosly-Breuil, Cuise la Motte
Alain St. Macary
L'Arche
Trosly-Breuil
60350 Cuise-la-Motte
44 85 61 02

Odile Ceyrac
Coordinatrice Regionale (France Nord)

Verpillières
Philippe Aronio
La Rose des Vents
Verpillières
80700 Roye
22 87 10 83 (foyer)
22 87 22 57 (bureau)

Wambrechies
Bernard Deleplanque
L'Atre
Ave. des Chateaux
59118 Wambrechies
20 78 81 52

HAÏTI

Carrefour
Robert Larouche
L'Arche de Carrefour
BP 11075
Carrefour
Port-au-Prince

Cayes
Jean-François Marchand
Chantal
Zone des Cayes
CP 63, Cayes

HONDURAS

Tegucigalpa
Nadine Tokar
El Arca de Honduras
Apartado 1273
Tegucigalpa DF
(504) 32 77 92

Choluteca
Pilar Hernandez
Comunidad del Arca
Apartado 50
Choluteca

INDE

Bangalore
Sebastien
Asha Niketan
53/7 Bannerghatta Rd.
Bangalore 560029
91(81) 24 0349

Calcutta
Marc Larouche
Asha Niketan
308 Acharya P.C. Road
Calcutta 70009
91 (33) 35 6299

Kerala
V. Subbaiyan
Nandi Bazaar P.O.
Via Quilandi
Kozhikode DT
Kerala 673531

Madras
Dorothy Jayaraj
Kottivakkam Tiruvanmiyur P.O.
Madras 600041
91 (44) 41 6298

Hazel Bradley
Zone Coordinator
91 (44) 41 6298

IRLANDE

Cork
Tim Kearney
L'Arche Cork
Green Park, Wilton Lawn
Wilton, Cork
353 (21) 46 2 98
          34 26 16

Kilkenny
Mary Corby
Moorfield House
Kilmoganny
Co. Kilkenny
353 56 256 28

ISRAËL

Bethany
Françoise Lagand
B.P. 19468
Jerusalem

ITALIE

Roma
Guenda Malvezza
Il Chicco
Via Ancona 1
00043 Ciampino
Roma
(39) (6) 617 11 34

MEXIQUE

Mexico DF
Martine Grousselle
Comunidad del Arca
Apartado Postale 55-232
Mexico DF 09000

RÉPUBLIQUE DOMINICAINE

Santo Domingo
Maryse Larouche
Comunidad del Ar
Apdo. 1104
Santo Domingo

ROYAUME-UNI

Bognor Regis
Michael Bentham
4 Argyle Circus
Bognor Regis
West Sussex P021 1DS
UK

Inverness, Scotland
Martin Drinkwater
Braerannoch
13 Drummond Crescent
Inverness
Scotland
(44) (463) 22 9615 (office)
          23 8921 (house)

Marguerite Millar
Regional Coordinator

Kent
Marion McElhinney
Little Ewell
Barfrestone, Kent
CT15 7 JJ
UK
(44) (304) 83 0930

Liverpool
Caroline Roemmele
The Anchorage
25 Fairfield Crescent
Liverpool 6
Uk

London
Mick Sands
Lambeth L'Arche
1 Dunbar Street
West Norwood
London SE 27
UK
(44) (1) 670 6714 (office)
          670 9248 (house)

Marcella Roe
Regional Coordinator

Katherine Hall
Zone Vice-Coordinator
(44) (1) 670 9248 (house)
          761 5123 (office)

SUISSE

Genève
Pierre Epiney
La Corolle
26 Chemin d'Ecogia
1290 Versoix
Genève
(41) (22) 55 5189

Table des matières

TROISIÈME PARTIE

RETROUVER SA PROPRE HUMANITÉ